天圆地方
——一本书读懂西域钱币文化

宋 敏／著

山西出版传媒集团
三晋出版社

图书在版编目（CIP）数据

天圆地方：一本书读懂西域钱币文化／宋敏著． -- 太原：三晋出版社，2023.3
ISBN 978-7-5457-2708-1

Ⅰ.①天… Ⅱ.①宋… Ⅲ.①西域—古钱(考古)—文化—通俗读物 Ⅳ.①K875.6-49

中国国家版本馆CIP数据核字（2023）第055367号

天圆地方：一本书读懂西域钱币文化

著　　者：	宋　敏
责任编辑：	张　路
出版者：	山西出版传媒集团·三晋出版社
地　　址：	太原市建设南路21号
电　　话：	0351-4956036（总编室）
	0351-4922203（印制部）
网　　址：	http://www.sjcbs.cn
经销者：	新华书店
承印者：	武汉市首壹印务有限公司
开　　本：	720mm×1020mm　1/16
印　　张：	8.25
字　　数：	200千字
印　　数：	1-1600册
版　　次：	2023年3月　第1版
印　　次：	2023年4月　第1次印刷
书　　号：	ISBN 978-7-5457-2708-1
定　　价：	56.00元

如有印装质量问题，请与本社发行部联系　电话：0351-4922268

前　言

　　她是黄河远古文明的交换工具,她是天圆地方的天命与皇权,她是欲望的载体,她是我们最熟悉,却是最陌生的——她,就是钱币。相比于地球与人类经历过的漫长岁月,钱币还只是新生儿,但迅速崛起,蔓延到人类涉足的每个角落,扮演着不可或缺的重要角色,成了人类文明中不可分割的一部分。

　　西域古钱币一直以其种类繁多复杂,图案新颖奇特,风格质朴粗犷,具有鲜明的民族和地区特色,使人耳目一新,引人注目,在祖国的钱币史上独树一帜。

　　朝代衔接的中原王朝钱币在这里有通用;商旅往来的异国风情在这里有停留;佉卢文、龟兹文、粟特文、回鹘文等独特的本地自铸钱币是收藏者的乐园;红润的钱币更是预示着西域地区繁荣的未来。交流、吸收、融合、多民族、多宗教共同构成了西域地区的绚丽多姿的钱币文化图景。一枚枚的钱币,让我们有幸去探寻古代西域的钱币历史与多彩的文明。

目 录

第一章 天圆地方 汉字表意 ··1
 第一节 美丽的贝壳 ···1
 第二节 "孔方"与"轻重"相伴 ·······································4
 第三节 中央一统"五铢"铸币高手显才华 ···························6
 第四节 辉煌的年号货币 ···12
 第五节 钱币上的书法春秋 ··16
 第六节 一纸百两——纸币开端 ······································22

第二章 丝路遗铢 西传融合 ··30
 第一节 意外的惊喜 ··30
 第二节 货币的连通之路 ···34

第三章 中西交融 神秘文字 ··46
 第一节 丝路上的世界货币 ··46
 第二节 多彩文字显风流 ···50
 第三节 西域坚守的见证 ···61
 第四节 钱币的新气象 ···64
 第五节 桃仁形普尔钱 ···68
 第六节 棉、毯、粮食——多彩的实物货币 ·························69

第四章 红制并行 元角开端

第一节 稳固新疆话红制 ·················· 85
第二节 纷繁复杂的铸钱局 ·················· 92
第三节 以一当十——大钱开道 ·················· 107
第四节 别了,孔方兄 ·················· 111
第五节 不可或缺的扶助——饷银 ·················· 112
第六节 片纸片两 角分融入 ·················· 115

参考文献 ·················· 122

第一章 天圆地方 汉字表意

中国的钱币历史悠久,源远流长,品种纷繁,多姿多彩。从美丽的实物钱币"贝"到后来真正的铸币,"天下一圆,地上四方"的思想融入其中。简单的汉字体现着王朝的意志,含蓄的表达凝聚了中华民族的智慧与才能。独具特色,自成体系,光彩夺目的东方钱币文化体系从此产生。

第一节 美丽的贝壳

一、初次的相识

公元前3000年的一个夏日,风和日丽,本没有什么特别之处,一个泛着乳白色光洁美丽的椭圆形物品吸引了女人们的视线(图1-1、图1-2),有的人拿起在胸前比划,高兴地叫着;有的人想拿自己的食物去交换。可是如此少见的物件,怎么可能人人都能拥有呢?爱美的女人们视之如珍宝,纷纷去寻求着它。

图1-1 哈密五堡海贝 引自《哈密文物精粹》

图1-2　女人们被贝壳吸引

"贝"这个让人向往的物件给人们简单、平淡的生活带去了微妙的变化。人们都愿意拿自己的所有物品去交换它,尤其是原来有时无法直接交换到自己需要的物品,但都可通过"贝"来完成。解决了大家因交换物品产生的一些烦恼,"贝"开始成为所有商品交换中最重要的中间媒介。其中一种叫"货贝",俗称为齿贝,它小巧玲珑、大小近似、价值固定、外观光滑、质地坚硬耐用。在日常的交换和流通中不易损坏、携带方便,自此中国最早使用的实物钱币"贝"就这样产生了。"朋"是它的单位,一朋为十个贝。贝被发现后一度成为当时非常珍贵的物品,在中国汉字中,与财富、价值有关的字,大都是从"贝",如宝(寶)、买(買)、卖(賣)、货、贵、财、贸等。在商周时,贝作为对有功人员的赏赐;战国时,又用于礼品馈赠,成了人们的最为喜爱之物。

二、35岁的身后

在哈密五堡一个长145厘米宽100厘米的东西向的墓穴中侧身屈肢躺着一位35岁上下,O型血,156.2厘米的妇女,她在此已经安静地躺了3000多年。她体态丰满,有着细密的汗毛,黄褐色的头发分梳成小辫。内穿一件最为流行的三角形彩色条纹毛布袍,外披羊毛皮的大衣,足穿长筒皮靴,而最为显著的是在她的围巾、衣服、鞋上都装饰了贝。在那个物资匮乏的年代,却仍不忘让生前自己最喜欢的来自数万里东南沿海的海贝陪着自己。

离这有数百公里的阿拉沟先民们,在随后数百年的时光里也依然将"贝"作为自己死后的随葬配饰,或是放在头侧或是在臂旁(图1-3、图1-4)。有的还迷信地认为将其含在嘴中,能尸身不腐。沿袭到后来就成了嘴中含真正的钱币的习俗。

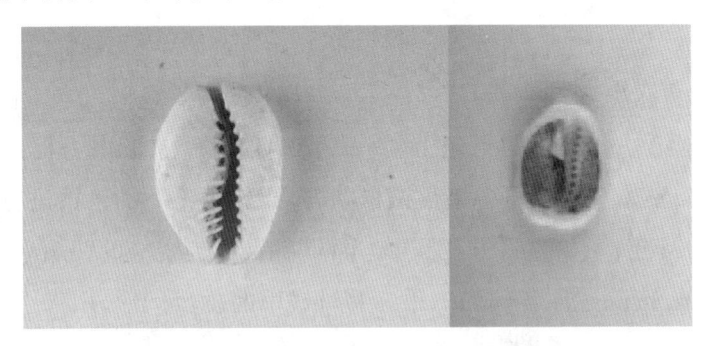

图1-3 吐鲁番阿拉沟海贝正面与背面

图1-4 死后以贝壳陪葬

美丽的贝壳就这样在西域的大地上"神奇"地使用着。直到后来金黄灿烂,质地坚硬"吉金"铜的发现以及金属冶炼技术的不断提高,才给真正的钱币——铜币开启了新的篇章。

第二节 "孔方"与"轻重"相伴

一、首次重大改革

中国第一个统一的封建王朝——秦朝建立后。"海内为郡县,法令由一统",秦始皇开始将各诸侯国形状各异,轻重不一的铸币进行统一。公元前221年,秦始皇将方孔圆形"半两"铜钱作为统一的钱币形式推广到了全国,废除了原各国的旧币。并对钱币的质、量、形、用都进行了明确的规定。

"纪重钱币"拉开了改革的大幕。"半两"作为钱币的重量标准,并规定二十四铢为一两,因此半两为十二铢。一铢折合现在差不多有0.67克,足重的半两应有8克多重。著名的书法家、丞相李斯书写小篆"半两",体式修长,遒劲有力。刚开始的"半两"还是严格按照重量铸造的,并十分精美。但是秦始皇残暴的统治,苛暴的徭役,严刑酷法,经济衰微,"重不如文"的铜币开始在市面上出现了。有的重量才有1克多,钱文也不规整。后来到了汉高祖时期,为了笼络人心更是变本加厉,允许民间铸私钱,铸造了轻如"榆荚"的"榆荚钱"(图1-5),终于导致了社会严重的通货膨胀。但"半两"第一次站到了一统铸币的舞台。

二、谜一样的"方孔圆形"

为什么会采用方孔圆形来作为钱币的形制呢?看似如此简单的形制怎么又沿用2000多年?一枚小小的"半两"蕴含了多少的秘密?当然要解开答案,先得看看先人们对天地关系的锲而不舍的探究。"天道为圆,地道为方,法天象地。"这是先秦诸子对它的认识。天为阳,地为阴,天是在不断运动的,地是相对静止的,天是无限的,地是有限的,这就是先人们对于天地的了解。如何破解天地关系一直是人们的渴望,直到现在我们仍在探索的路上。而古人却将对天地的探索集聚到了代表皇权的铜钱中,以方孔为地,以外圆为天,并巧妙地将天命和皇权融为一体,外圆又代表天命,内方代表着皇权,皇权由天注定,"乾坤方圆聚,天人为合一"。

钱币的外圆直径为十二分,方孔长宽为六分,正好符合《易经》天道之数为十二,地数为六的标准,因此"半两"从形制到大小尺寸上暗合天地之数。同时方孔利于磨挫,外圆便于打磨防止磨损,钱币方便串起携带。可以说"方孔圆形"是中国钱币史上最成功的创造,后人都亲切地称之为"孔方兄"。

图1-5　榆荚钱

三、"半两"流入西域

西汉时,中原王朝开始加强对西域的统治,汉军来此屯田驻军。往来使者也络绎不绝。"半两"开始流入驻军最多的轮台、渠犁,大量地使用。这些钱多用于购买粮食和各种日用品,并同当地的实物钱币共同流通。但"半两"足迹并没有在此地停留,在奇台县半截沟镇、楼兰遗址均有出土的各种半两(图1-6)。

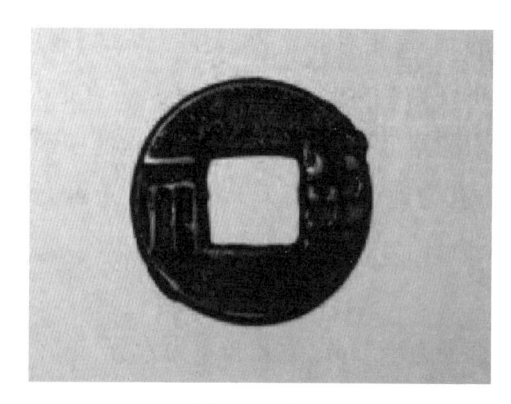

图1-6 半两

半两大的直径2.7厘米,小的直径仅有1厘米即为"榆荚钱"。而在中原铸造"半两"的脚步一直没有停歇,先后又铸造了半两荚钱、八铢半两、五分钱、四铢半两、三分钱(半两的三分之一)等复杂的铸币,为后来由中央统一铸币提供了条件。

第三节 中央一统"五铢"铸币高手显才华

一、稳坐头把交椅

到了汉武帝刘彻的时代,他雄心大志,致力于开疆拓土,却花钱如流水,财政开始吃紧,同时商民追逐利益,拼命铸钱,物价飞涨,市场一片混乱。汉武帝开始发行"三铢"钱,后于元狩五年(公元前118年)"废三铢,改铸五铢钱"。并由国家"上林三官苑"铸造。铸币权开始正式收归到中央,建立一整套严格的五铢钱制度。汉武帝第一次全面地完成了中国钱币的标准化改革,使钱币得到空前的统一。

"五铢"以其轻重适宜成了多个朝代的主流钱币。直到唐高祖武德四年(公元621年)铸"开元通宝"为止,共沿用739年。[1]后来的许多皇帝虽想换钱币,但最终由于"水土不服",新钱都不如五铢稳妥而被迫放

---

[1]张善熙.漫谈四川古钱币[J].四川文物,1988(1):3.

弃。"五铢"坐稳了钱币的"头把交椅",成了真正的"长寿钱"。其铜币,钱文规范统一,笔画清晰工整,周郭圆润,直径一般为2.5厘米,重3.4克(图1-7)。以篆书铸钱文,附加了一些如星纹、斜月纹、沙眼纹、四缺纹、四出纹、重郭、竖道、波浪纹等纹样。有些非人工所为,而是铸钱工艺不高造成,却成了时代的特征。

图1-7 五铢

汉王朝扩张以后,五铢钱又传播到了更偏远的地区。在现今的朝鲜、越南和中国西北地区都有发现。在阿克苏地区沙雅县出土了五铢,此地为汉代屯田的地方。在楼兰还发现"剪轮五铢","剪轮五铢"又名"磨郭五铢"或"剪郭五铢",最早出现在西汉成帝和哀帝时期,为民间磨砺普通五铢钱而获取铜屑所致。

二、古代铸钱第一高手

西汉末年,王莽篡权,建立一个短命的王朝,存世仅有16年,却进行了5次币制改革。他本想通过币制改革将地主豪强手中的财富转移到政府的手中,巩固新朝的统治,但他轻率多变,最终改革走向了反面。但这位不懂钱币经济的人却给世人留下了许多精品钱币,后人将他誉为"古代铸钱第一高手",其代表作有"大泉五十""货布""大布黄千""金错刀""货泉"等。莽钱在其形制上、字体都有了创新,给人一种新颖、精雅、隽秀的感觉。其中货布最为吸引人,铲形状,长宽比例完美地构成了黄金分割系数,被认为是最具美感的钱币,钱文"针篆体"更加增添了钱币的艺术气息。货布修长挺拔,刚中蕴柔,其可兑换25个货泉,在和田地区发现货布。货泉和五铢是同重同值,却没有采用纪重制度,用了"泉"字,预示钱者如泉水一样,地下流动一刻也不停止,在社会交换中能永远流通不绝。据《汉书·食货志》载:货泉"径一寸,重五铢,文右曰'货',左曰'泉',枚直一,与货布二品并行"。货泉钱文书体为"悬针篆","泉"字中竖中断。在楼兰地区发现货泉,货泉在新莽钱中是品种最繁杂、传世最多的一种。而另一种莽钱"大泉五十"又变换了钱币的形制,钱文上使用了当时流行的隶书,王莽在钱币的铸造上可算是用尽了心思(图1-8、图1-9、图1-10)。

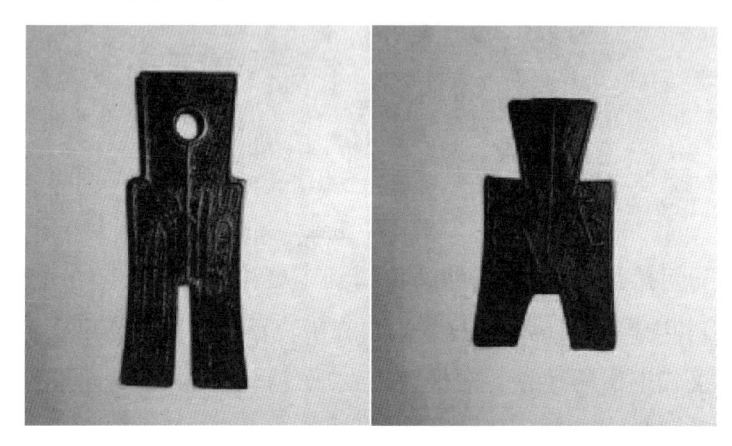

图1-8 货布与平阳货布

图1-9 货泉

图1-10 大泉五十

三、洒落的"五铢"

西出阳关就是西域,那里有广博的大漠,有经年不化的天山积雪,灿若星辰的点点绿洲。汉朝的一行护送钱币的驼队正去往古楼兰地区途中,驼队已经是走了一年有余,疲乏之极。为了尽快能安全送到目的地,他们夜间仍然行进,却浑然不觉其中一个钱袋的绳子已然松了,一枚枚方孔圆钱从钱袋中漏了出来,自东北向西南,整整齐齐地形成一条直线,前后相隔能有27米,1700年来一直无人问津。直到1914年斯坦因循古道横渡干涸的罗布泊时发现这近200枚的古钱,并在同一方向约45米的距离还散布一些完全没有使用过的青铜箭镞(图1-11)。为什么要如此辛苦千里迢迢运送这些钱币去往楼兰地区呢?

图1-11 烈日普照下,方孔圆钱散落沙漠

那还得先从公元前60年汉宣帝神爵二年那一年说起。那一年对于西域来说是非常重要的一年,西域正式纳入了西汉王朝的管辖范围内。经过一百多年与匈奴的抗争,终于在西域乌垒城(今轮台县策达雅南)建立了西域都护府,自此中原开始加强对西域各地的军政管理。大量的汉族军民踏戈壁、穿沙漠来到这里,兴建城堡,开垦荒地,驻守边疆。而楼兰是通往西域的必经之道,汉昭帝时期常派吏卒在此地屯田驻军,也就有了前面的运输团队的到来。

随后大量的中原王朝的钱币,在此地开始出现并流通使用,种类繁多,朝代衔接,可谓是一部秦汉历史画卷。当然五铢是最多的,在和田买力克阿瓦提,就出土了装有汉代五铢的陶缸,内装五铢钱无法计数,足足有45公斤之多(图1-12)。没有华丽的色彩和高大身材的"五铢",如一粒粒遗珠遍布天山南北,一直被使用到了唐朝。

图1-12 五铢(1977年出土,重45公斤) 引自《新疆历史文明集粹》

四、美好的愿望

吐鲁番出土一枚北齐"常平五铢",不像以前的"五铢"钱币,只有纪重的单位,在钱币上加了"常平"两字,是有特别的意义吗?为什么会使用这两个字?这还得从魏国丞相李悝说起,战国时,他实施变法建立"常平仓"。常平仓主要是用来收购储备粮食的,在丰收的时候,国家大量收购多余的粮食,在饥荒的时候再以平价卖出,这样就可以避免粮价太贱伤农,粮价太贵伤民。汉朝以后,常平仓一度被废置,到晋武帝泰始四年才再次被使用,一直使用到北齐时期。北齐文宣帝正是取了"常平"两字用于钱币上,希望钱币可以像常平仓一样具有调节市场的作用。天保四年(公元553年),为了结束北魏的"永安五铢"私铸猖獗,北齐钱币种类繁多,币值混乱。文宣帝改革币制,铸造了"常平五铢",成为北齐最主要的流通货币。《北齐书》帝纪第四文宣载:"四年春正月……己丑改铸新钱,文曰'常平五铢'"。《隋书》载:"文宣受禅,除永安之钱,改铸常平五铢,重如其文。其钱甚贵,且制造甚精。至乾明、皇建之间,往往私铸。邺中用钱,有赤熟、青熟、细眉、赤生之异。河南所用,有青薄铅锡之别。青、齐、徐、兖、梁、豫州,辈类各殊。武平已后,私铸转甚,或以生铁和铜,至于齐亡,卒不能禁"。

常平五铢采用铜母范叠铸技术铸造而成,多为青铜质,而后期私铸的则有铁质和铜质,并且还出现了赤熟、青熟、细眉等名目。钱币直径2.4~2.5厘米,重3.5~4.2克,正面铸有玉箸体"常平五铢"四字直读,钱文构架匀称,笔画圆润,"平"字上横与面穿下郭合一。钱币设计和铸造都非常考究,常平五铢代表了北齐的铸币水平,被誉为中国钱币史上铸造最精美的钱币之一,初试行亦较为理想。

公元580年北齐灭亡,"常平五铢"铸行27年,由于流通范围小,私铸之风盛行,它没能从根本上限制谷帛流通这一现象。至隋统一前,实际上货币流通依赖于谷帛,尤其是绢帛已呈现出一种与铜铸币共行的现象,以至经隋至唐,"钱帛兼行"乃成正式的货币制度(图1-13)。

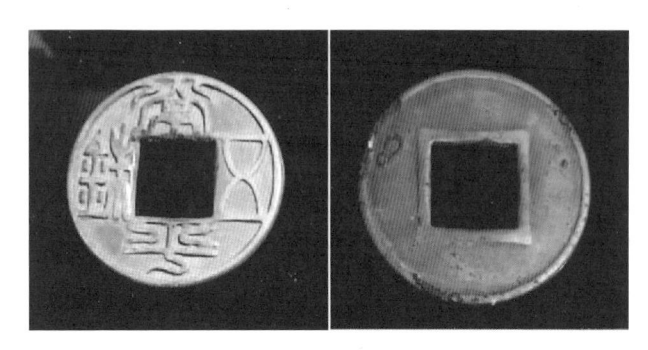

图1-13 常平五铢正面与背面

第四节 辉煌的年号货币

一、变革中求王权

大业元年（公元605年）八月，隋炀帝乘坐用金玉雕刻的四重龙舟，与嫔妃、贵人、美人和十六院妃子及随行的公主、卫士等上千艘游船共同南行，享受美酒佳肴，尽情欢愉。可是他哪里知道仅此一次出巡就动用了十万多工人，耗资上亿的钱财。可老百姓却在水深火热中生活着，期望能社会稳定，过上安居乐业的生活。

随着新政权"唐朝"的建立。唐高祖李渊顺应民意，发展经济，改革土地制度、财政制度。并对钱币制度做出了重大的变革。取开辟新纪元之意建立的通宝钱体制，钱文内容由"开元"与"通宝"两部分组成，前部昭示新纪元，国家长治久安，后者表示通行宝货，流通不绝。自此方孔圆钱废除原有的纪重钱币制度，改称"通宝""元宝""重宝"等包含流通不绝、珍贵的宝贝、重要的宝贝等意思为钱文。通常通宝、元宝是折一钱的钱币，而重宝则是币值折二以上的钱币。唐朝在钱币上加上年号，开启了"年号钱"新的征程。并将"二十四进制"的"铢两制"（即一两为二十四铢），调整为"十进制"作新的计量衡法，即十枚开元通宝为一两钱。唐以前的"铢两制"，实际应用颇不方便，开元通宝以一钱为二铢

第一章 天圆地方 汉字表意

四垒,每一文的重量称为一钱,一千文重六斤四两,这也成了以后历代王朝的铸币标准。数学史上的十进位制,就是从开元钱的十进位制发展而来。这种十进位制度从唐代开始,一直沿用到现在。唐代宗宝应元年(公元762年),官方又规定以一枚开元通宝钱作一文计。其实唐朝一直未断铸的"开元通宝"不能严格地算为年号钱,从"乾封泉宝""乾元重宝"(图1-14)才为真正意义上的年号钱的开端,体现了王权的象征,年号钱币从此走上了一条漫长的路途。

图1-14 乾元重宝

二、交易之繁荣——铸钱出新法

龟兹和庭州(今吉木萨尔县)可是唐朝西域最为热闹的地方,街头闹市非常繁华,集市上充满了各种各样的稀罕玩意,各国商人随处可见。人们都愿意到此地来往经商。"安西大都护府"和"北庭大都护府"两大高级军政管理机构也先后在此设立,他们分别管理着南北疆地域。

这里的交易额天天喜人,也带动了周边的经济。这天,蒲昌府卫士张庆住刚收到了6匹丝织品和5文钱,这是买卖一名15岁家奴的全部费用,哎,还不如一匹马和一头骆驼的价格。可得好好仔细检查一下铜币,不过这5文"开元通宝"(图1-15)应该没有什么问题,它铸造精良,钱文采用唐代著名的书法家欧阳询的隶书字体,书法工整;背面有月纹,传说还是杨贵妃在观赏蜡钱模时故意留下的指甲痕,好让人们都记得她,也不知是真是假。不过据现在的学者推测,背月可能和其他钱上的星纹、云纹一样,是各个铸币炉的标记,没有什么浪漫的传说。张庆住反反复复看了好几遍铜币,心中暗叹铸钱工艺看样子又有提高了,不知采用了什么新工艺,铸造得如此精美。在这里我可以回答他了,这可是中国钱币铸造最新工艺——"母钱翻砂",它是平板范浇铸和叠铸方法之后最先进的工艺。其铸造需经过四步,但砂型钱范不再需要缓慢阴干和焙烘,而且还可以重复使用,大大减少了生产成本,铸钱的生产效率也获得了极大的提高。

图1-15 开元通宝正面与背面

知识拓展:母钱翻砂法

从隋唐开始,铸币改用母钱翻砂的铸造工艺,一般分成制作钱模(即母钱)、制作范型、合范固定和浇铸钱币四个步骤。

第一步:制作钱模。将一块铜块(或其他材质)由人工雕刻成钱型(即雕母),然后雕母先翻制若干个钱币(即母钱),用作铸钱的钱模。

第二步:制作范型。固定木框,用砂土将木框填实,放置钱模,再将另一个填实砂土的木框叠放在上面,翻制面范和背范,然后取出母钱,并制作浇口、直浇道、分浇道。

第三步:合范固定。将面范和背范对合叠放,然后捆绑固定。

第四步:浇铸钱币。将熔化的铜液用坩埚盛起,对准浇铸口进行浇铸。冷却后开范取钱,再进行清理、修整、打磨,钱币的铸造就完成了。由于砂型不再需要缓慢阴干和焙烘,生产效率获得了极大的提高。

中国的钱币铸造先后采用了平板范浇铸、叠铸和母钱翻砂三种工艺(图1-16、图1-17)。

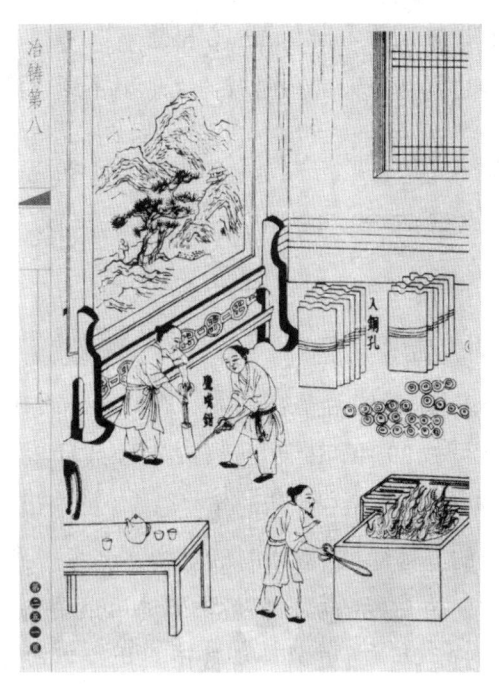

图1-16　东方铸钱图1（引自宋应星《天工开物》）

图1-17　东方铸钱图2（引自宋应星《天工开物》）

张庆住终于收好铜币和丝织品,心里想着:"不知下次交易能不能更好些呢?"这样的贸易每天都在西域的大地上不断上演着。

第五节 钱币上的书法春秋

一、小舞台的大艺术

对于铜币来说,宋朝绝对是它艺术发展的巅峰时代。北宋九帝,改年号35次,铸年号钱29种;南宋九帝,改年号共计22次,铸年号钱19次,几乎改一次年号即铸行一种新的年号钱,各种铜币多得让人实在记不住每个年号钱的具体年代,但当时的皇帝不会考虑到这一点吧,只是想给自己的执政期有个好的祝福!但宋朝铸币最值得一提的是铜币钱文在艺术上的表现,它一改以前一种钱币只用篆书或是隶书的书法习惯,集篆书、隶书、真书(楷书)、行书、草书之大成。有的圆润秀美、清秀飘逸,有的形体方正、笔势流动,有的行云流水、点画飞动,都让人眼前一亮,宋朝人如此洒脱和绝高的审美不是别的朝代所能比及(图1-18、图1-19、图1-20)。

图1-18 天圣元宝(楷书)

图1-19 淳化元宝(草书)

图1-20 元符通宝(行书)

宋朝皇帝亲自参与钱文的书写,有了"御书"体钱币。尤其是宋徽宗,他独创的"瘦金体"更是独树一帜。在新疆的木垒县出土的"崇宁通宝"(图1-21)、"大观通宝"可见到它的风采,其用笔纤细,铁画银钩,飘逸劲拔,堪称古今一绝,为历代书法家所喜爱。宋太宗、宋真宗也都为铸钱献墨宝,直到现在当你拿起这些钱币仔细端详时,还会被其书法的魅力所吸引。

图1-21 崇宁通宝(瘦金体)

"对子钱"(图1-22、图1-23、图1-24、图1-25)是宋钱另一瑰丽的篇章,它在形制、厚薄大小、串孔、重量、直径、质地、轮廓、文字完全相同的情况下,运用不同的书体进行铸造,是古代钱币百花园中的一朵奇葩。篆真、篆行、隶真、行草,成双成对、交相辉映、构成完美的对称艺术。还有三体书钱更是让宋钱达到了极致。对子钱一产生就引起了收藏之风,大家好像都忘却了钱币的真正作用,纷纷珍藏,很快形成钱币的流通短缺。于是它只流行了二百多年就匆匆收场。

图1-22 至道元宝(草书、真书、行书对子钱)

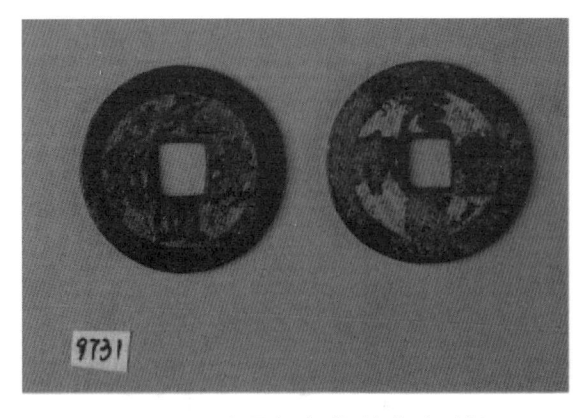

图1-23 元丰通宝(行书、篆书对子钱)

第一章 天圆地方 汉字表意

图1-24 皇宋通宝（篆书、真书对子钱）

图1-25 景祐元宝（篆书、楷书对子钱）

二、汉家阿舅

五代、宋、辽、金时期，中国历史发生深刻变迁，西域各绿洲城邦、游牧部落经过重新整合，9世纪中后期形成高昌回鹘王国、于阗国、喀喇汗王朝这三个我国西北地方政权。历史上的西域地方割据政权，都有浓厚的中国一体意识。或认为自己是中原政权的分支，或臣属于中原政权。虽然在政权上都互不相让，却都不忘与北宋王朝建立良好关系，经常进贡。于阗国尉迟婆跋（李圣天）继位为"于阗王"，自称唐朝宗属，随唐朝国姓李，是于阗和中原内地天下一宗观念的体现。李圣天遣使向后晋朝贡，后晋册封其为"大宝于阗国王"。高昌回鹘尊中朝（宋）为舅，自称西州外甥。高昌回鹘使用唐开元七年的历书（《大衍历》），一直延续到10世纪下半期。喀喇汗王朝多次派使臣向宋朝朝贡，其首领自称

- 19 -

"桃花石汗"("桃花石"和"秦"是当时中亚地区对中国的称呼,意为"中国君主",表示自认为中国的一部分),意为"中国的汗",所表达的中国是一个统一体的概念。喀喇汗王朝亲切地称北宋为"汉家阿舅",1980年在阿图什市还发现喀喇汗王朝钱币窖藏,出土有两万多枚,其中还有9枚宋钱,最晚是政和通宝,可以推测出钱币的窖藏年代不早于1111—1117年[①]。于阗王也称宋神宗赵顼是"东方日出处大世界田地主汉家阿舅大官家",与宋朝一直保持着良好的商业关系,不断将玉器、药材以及棉纺织品、玻璃品、胡锦作为贡品进贡,当然会带回大量的金银器、丝料服装等。于阗国后来甚至扩大了经营的范围,由原来只能同政府做交易到后来也被允许于阗人直接同老百姓做买卖,并在茶叶贸易中享受免税的优待。而高昌回鹘不甘示弱,以"舅甥"关系向北宋朝贡,并以"朝贡""回赐"的名义经常大量地进行贸易交流。

景德元宝、天圣元宝、皇宋通宝、熙宁通宝、太平通宝、淳化通宝、元符通宝、元祐通宝、元丰通宝、至道元宝等几乎北宋王朝的大部分钱币都成了他们的交易工具,当然南宋的建炎通宝、绍兴通宝和金代正隆元宝(图1-26)、大定通宝(图1-27)也不会在西域地区有遗漏。

图1-26 正隆元宝

---

①蒋其祥.新疆阿图什出土的穆罕默德阿尔斯兰汗钱币研究[J].中国钱币,1986(2):14.

第一章 天圆地方 汉字表意

图1-27 大定通宝

三、钱币文化的吸收

宋朝时,丝绸之路上有许多少数民族地方政权。在东西交通必经之地,以党项族为主体建立的封建王朝——西夏国,以及西部高昌回鹘、喀喇汗朝等几个经济比较发达的少数民族政权,都与宋朝中央政权保持着紧密联系。随着市场商品交换的发展,宋钱不断流入这些地区。汉唐以来中原货币文化传入西域各地被吸收、融合,并各自建立自成体系的钱币制度。西夏仿宋钱形制铸造"天盛元宝"。正面"天盛元宝"旋读,楷书,文字端正,直径2.4厘米,孔径0.6厘米。在新疆吐鲁番、莎车都发现天盛元宝、龟兹小铜钱、宋钱等。天盛元宝是西夏仁宗皇帝嵬名仁孝天盛年间(公元1149—1169年)所铸的小平钱,钱币铸造精细,可与宋钱相媲美,可以看出中原政权一直与西部各少数民族政权进行频繁的商品贸易,他们不仅以物易物,同时还用大量等值钱币频繁交换货物(图1-28)。

图1-28 天盛元宝正面与背面

第六节 一纸百两——纸币开端

一、感谢叶李

前面一直都在说铜币,其实历代王朝还使用了金币、银币、铁币,黄金、白银、纸币,比现在的钱币种类多很多。但是纸币能走到最后要先感谢叶李,他制定第一部纸币发行管理条例《至元宝钞通行条画》,其中的思想和措施为后来的纸币发行和管理绘制了基本蓝图。

叶李,南宋末年的太学生,尚在太学读书的时候,他就开始关注钱币的发行和管理,后在元朝时被忽必烈任命为尚书左丞。他拟定《至元宝钞通行条画》十四条,由尚书省正式颁发。也有了元朝后来纸币的盛行。人们可以用纸币在疆域之内用于政府开支、税收、日常生活交易等方面,很是便利。其"至元通行宝钞"(图1-29),铜版印制,桑皮纸制作,面额为贰贯,长32厘米,宽22厘米。上额有"至元通行宝钞"六字,花栏内上半中为"贰贯",横书,下有钱文两串,每串拾百制钱,表示此钞两贯值制钱两千文,左右为蒙文,右下有汉文"字料"二字,左下"字号"二字,下面为通行宝钞令敕和印造机关,上印刷"尚书省 奏准印造至元宝钞宣课差发内 并行收受不限年月诸路通行 宝钞库子攒司印造库子攒司 伪造者处死(大字)首告者赏银伍定(锭),仍给犯人家(产)至元年 月 日 宝钞库使副 印造库使副 尚书省提举司"。钱币明确规定使用的范围和惩罚的措施,收到了很好的效果。

至元通行宝钞于至元二十四年(公元1287年)由"中统元宝交钞"改发而成,并新增两种面值:五文和三百文。规定至元通行宝钞和中统元宝交钞共同流通。二者的比价为:至元钞一贯值中统钞五贯,政府的财政收入与支出仍按中统钞计算。由于中统钞发行远不及至元钞,因此实际流通中的主要品种是至元钞,时间也最长,到公元1350年止为60多年。其间也有一些变革,如武宗至大三年(公元1310年)曾经发行了至大银钞,并铸铜钱,正式确定了银钞比价。至元钞五贯值至大银钞一两,又铸行汉文"至大通宝"和八思巴文"大元通宝"铜钱,共同流通。"至大通宝"一文值"至大银钞"一厘,"大元通宝"一文值"至大银钞"一分,理顺了银钞之间的关系。

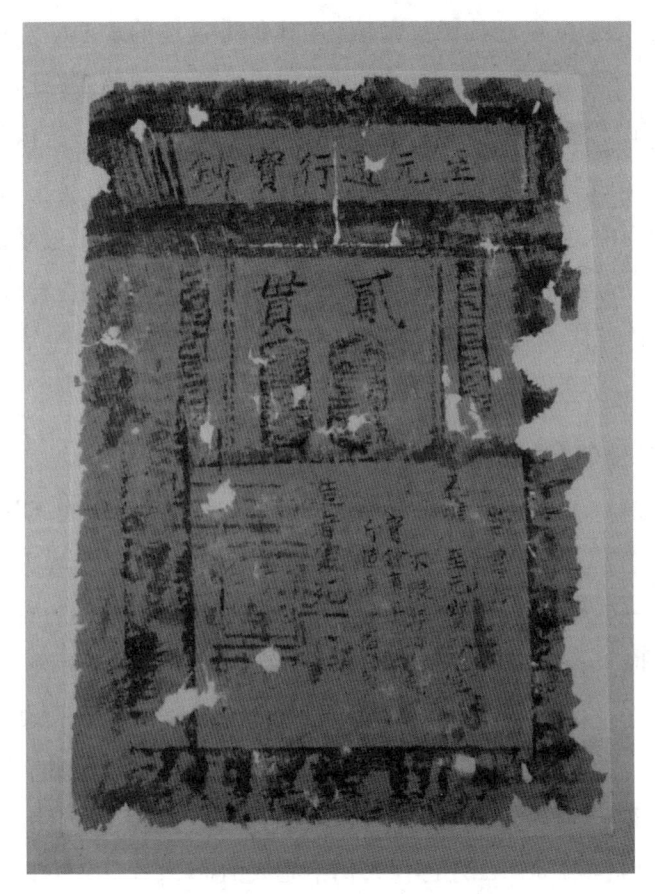

图1-29 至元通行宝钞

元代自发行"中统元宝交钞"以后,形成了一整套制度:一是以银两为保证,银钞可以互易,保证了纸币的顺利流通;二是纸币的面值比较固定,虽然发行过十文以下的"厘钞",但以十文、二十文、三十文、五十文、一百文、二百文、五百文、一贯、二贯为常用固定面值纸币。而且以文、贯为单位,易于折算,因无铜钱的铸造与流通,因此与铜钱也无关系。

1928年，黄文弼先生在吐鲁番收集到两件"至元通行宝钞"。但其实在此之前还有元代的纸币出现，新疆布政使王树枏在《新疆访古录》中有记载，宣统元年（公元1909年）发现的一种"中统元宝交钞"（元代纸币）。"中统元宝交钞"是由其下属上呈给王树枏的收集品，发现于"伊拉里克"，现位于托克逊县伊拉湖镇，在吐鲁番盆地的最西端。由此西行即进入阿拉沟，是今由西天山腹地通向南北疆和丝绸之路西端的重要通道。当时伊拉里克户民入山采薪所见的"中统交钞"，应该是蒙元时期军民路经此地时的遗留物。《元史·食货志》记载，"中统元宝交钞"一共有9种面值，贰贯是面值最大的一种"大钞"，此纸币是忽必烈中统元年（公元1260年）发行。直到至元二十四年（公元1287年）发行"至元通行宝钞"时将其钞版销毁。可以看出纸币慢慢走近人民生活是需要不断的变革和改进，才能有今天纸币的使用的便利性。

二、二倍的"百元大钞"

宋代就有纸币的雏形——"交子"，后经过元朝的发展，明朝时钞币设计更为合理，图案美观，文字简洁，出现了中国，也是世界上最大幅面的纸币——"大明通行宝钞"。宝钞为桑皮纸印刷（图1-30），长34.1厘米，宽22厘米，有八开本的期刊封面那么大，比现在百元大钞足足大了一倍有余。它呈长方形，墨字印刷，上额"大明通行宝钞"，边栏有龙纹和卷草纹，中上书"壹贯"下有钱串纹，两侧九叠篆书"大明宝钞""天下通行"、下部官文"户部奏准印造大明通行宝钞与铜钱通行使用，伪造者斩，告捕者赏银贰伯（百）伍拾两，仍给犯人财产 洪武 年 月 日。"因此严令民间，不准以金银与货物进行交易，违背此规定者严格治罪，告发上述犯罪行为者，就以罪犯交易的货物赏给告发者。并规定税款征收为十分之三使用铜钱，十分之七使用纸钞，应收税款的一百文以下只收取铜钱。

第一章 天圆地方 汉字表意

图1-30 大明通行宝钞

最有意思的是用铜钱来表示钱币大小,如"一贯"等,就画铜钱十串。如果是五百文的钞,方框中间画的是五串钱,每一贯折合铜钱一千文,白银一两,每四贯兑换黄金一两,给不识字的人带来了方便。当时钱币的发行是由宝源局负责的,百姓之家,除了日常必需的镜子等,寺庙、道观使用的钟磬铙钹乐器以外,其余只要是铜质器物,必须及时送交官府,官府以每斤一百五十文付给铜价,如果私自买卖铜料,或将铜料藏匿家中而不卖给官府,要处以鞭刑四十下。凡是私自铸造铜钱的,处以绞刑。

"大明通行宝钞"发行还得从朱元璋说起。朱元璋在建立明王朝之前就铸行"大中通宝"。洪武元年(公元1368年)定"洪武通宝"钱制。大家可能发现在明朝铜币上,没有使用"元宝"两字:一是封建社会中须避讳帝王之名,朱元璋"元"字;二是还有后朝对于前朝一般都比较忌讳,明灭元后,钱币上也不用上"元"字,直到清代才又使用起来。

明朝铸"洪武通宝",财政开支甚巨。铜钱不足使用,不得已又恢复纸币制度。洪武七年(公元1374年)设宝钞提举司,分钞纸局和印钞局。翌年正式发行"大明通行宝钞",面值以铜钱计,共分六等:一贯、五百文、四百文、三百文、二百文、一百文,每贯等于铜钱一千文或白银一两,每四贯合黄金一两,与铜钱共同流通。洪武九年(公元1376年)于各行省设宝钞行用库,磨损破烂的可换新钞。洪武十年(公元1377年)规定民间贸易百文以下用铜钱,百文以上用钞。禁止民间私易金、银。要以金、银向官方换取宝钞使用。洪武十三年(公元1380年)废中书省开六部,户部印钞,工部铸钱。洪武二十二年(公元1389年)发行了一些小面值宝钞:五十文、四十文、三十文、二十文和十文共五种。

由于宝钞是不兑换的纸币,政府没有金、银准备,市面上宝钞越来越多。洪武年间已不断贬值,洪武二十七年(公元1394年)曾禁用铜钱。但屡禁不止,至嘉靖末年(公元1566年)宝钞已基本不流通了。

明代纸币的制度很不健全,只投放不回笼,市面上有许多破损、霉烂的钞票。到了明英宗后期宝钞价值惨跌,成了废纸一张。直到清咸丰三年(公元1853年)发行了"大清宝钞""户部官票"银票纸币弥补了其缺陷,分别和铜币与银圆相互对应。"户部官票"(图1-31)以银两为单位,"大清宝钞"是以铜钱文为单位的纸币,也就是一般的制钱(本朝铸行的钱币)。初发行时面值有二百五十文、五百文、一千文、一千五百文、二千文五种,后又增发五千文、十千文、五十千文、百千文四种,共九种。其中"大清宝钞"为:额首一栏有云纹,中书"大清宝钞",下亦有海水云龙纹边栏,与户部官票边栏相似。其中嵌入"天下通行,均平出入"八字。票面中央有3行字,由右至左依次为"×字第×号""准足制钱×文"

"咸丰×年制",下边"此钞即代制钱行用,并准按成交纳地定钱粮一切税课捐项。京外各库一概收解,每钱钞贰千文抵换官票银壹两"。所钤朱印,有满汉文对照"大清宝钞之印""江南河道总督关防"及圆形骑缝章,中间空白处有朱文。它的票幅很大,也采用了竖形,仍留有中国早期纸币的痕迹(图1-32)。

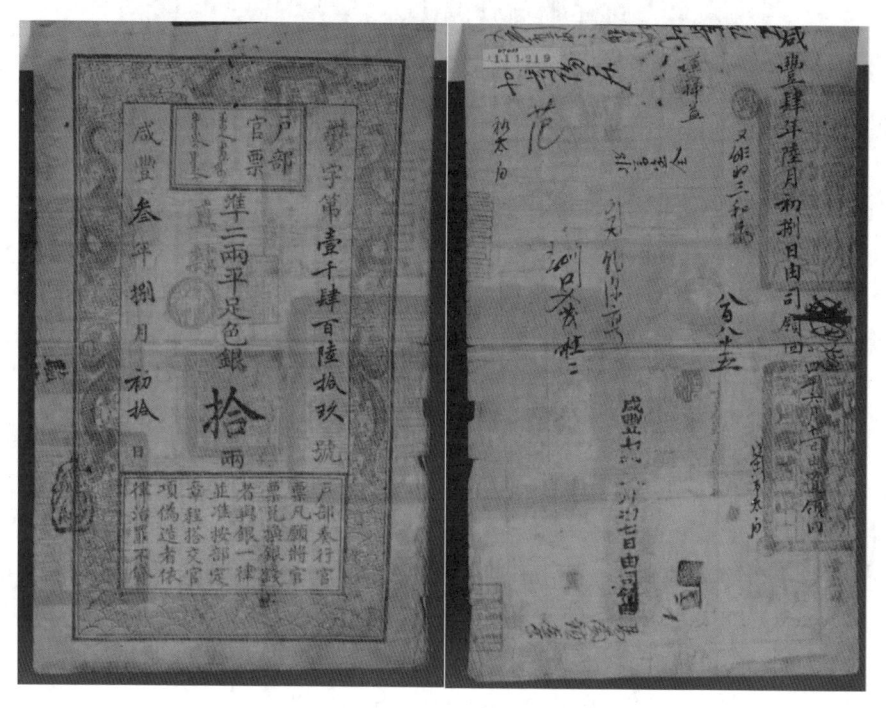

图1-31 咸丰三年户部官票拾两正面与背面

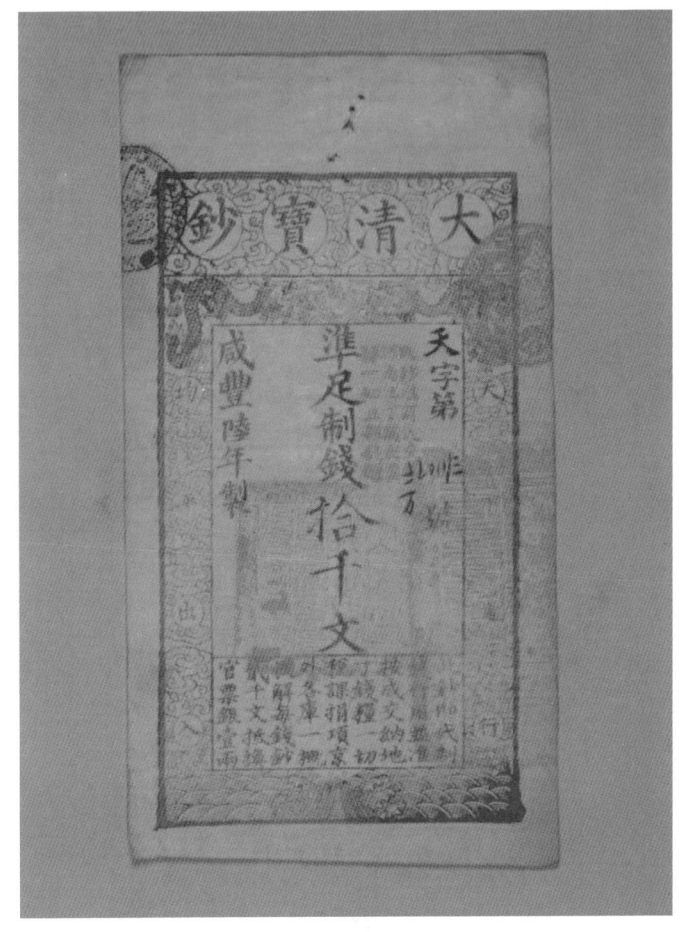

图1-32　咸丰六年"大清宝钞"

以银两纪值的官票和以铜钱纪值的宝钞,合起来就是人们常说的"钞票"。虽然由于后来大肆发行纸币,导致纸币急剧贬值,钞票被废止,但是"钞票"一词深入人心,以致最后成为"钱"的代称。

中原的钱币就如西域沙漠中一粒粒遗珠,再现着历史文明的进程和社会变革的沟沟坎坎。当社会兴盛安定时,钱币的铸造就整齐划一,重如其文,当社会动乱衰败时期,钱币就变得粗劣混乱,严重贬值。但"天圆地方"成了东方钱币文化体系中重要的标志。

知识拓展：一两银子能买多少米

唐前期	约 1180kg
唐后期	约 590kg
宋	约 396kg
明	约 188.8kg
清	约 75.5kg
今天	约 88.2kg（以今制计算）

第二章 丝路遗铢 西传融合

"丝绸之路"带来了西方的文明,拓宽了人们的视野。对于钱币来说,西方的货币体系与中国钱币体系却有着天壤之别。西方钱币外形上只有天圆,却无地方,质地上主要是金银,技术上以打压为铸造方法,表达上则擅长绘画艺术。西方人在瀚海沙漠中留下粒粒遗珠,使多彩的西方钱币文化体系呈现在西域大地,并与中国钱币文化和谐相处着。

第一节 意外的惊喜

1955年的春天来得有些晚,离吐鲁番东约50公里处的高昌故城北边的空地上,哈喇和卓的农民热加甫·脱乎得又开始了新一年的春耕。突然,一个黑色好像用煤精制作的盒子露出表面,热加甫拿起打开一看,里面有十个用银子做成的小圆薄片,一面为人头像,另一面也有复杂的图案。从来没有见过这种东西,不知是干什么用的,是装饰品?是徽章?但肯定一定是非常重要的物品才会放这么好的盒子里保存着(图2-1、图2-2、图2-3)。

图2-1 沙普尔二世银币正面与背面

图2-2 沙普尔二世银币

图2-3 阿尔达希尔二世银币正面与背面

无独有偶

1959年5月21日天高云淡，自治区交通厅基建队的修路工人正在克孜勒苏柯尔克孜族自治州距乌恰县以西9公里的深山中修一条经哈拉坦格、老乌恰、斯姆哈纳到依尔库斯坦木去往前苏联的一条公路。这天如往常一样，工人们开始在90多米高的山崖下工作，一条最宽为10厘米、深35厘米，距地面125厘米的石缝下面的土刚被工人们挖掉，一批闪闪发光的金银财宝就从缝隙间缓缓流出来。大家一下子围了上来，纷纷拿起端详，传看，领导立即保护了现场。

正好在喀什工作的新疆考古队的李遇春老师听闻此消息，立刻赶到了乌恰县。在现场清理出金条就有13根，1330克，制作很是粗糙。但最巧合的是，这次也出土了大量和1955年农民发现的同样薄片，这可不是什么徽章或是别的什么饰品,而是钱币,是在1500多年前高昌地区使用的波斯萨珊王朝银币。一次性发现多达947枚,3800克的银币,在全国还是首例(图2-4、图2-5)。

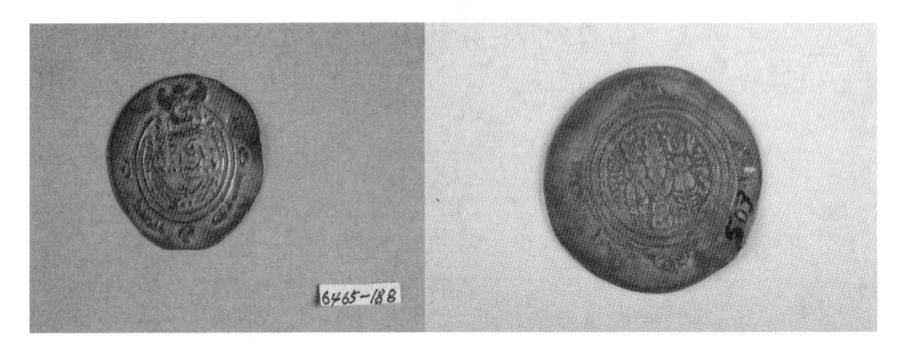

图2-4 乌恰出土库思老二世银币正面与背面

图2-5 乌恰出土金条

专家一枚枚辨别了银币的种类,其中有6世纪中叶波斯王朝库思老一世银币,但最多的还是6世纪末到7世纪的库思老二世银币,还有一部分是7世纪60年代到8世纪初的阿拉伯翁米亚朝沿用的"库思老二世式样"的银币。大家都惊叹在如此的荒凉的地方怎么会出现这么多的财宝?专家考察了周围环境,发现在距钱币出土半公里处有一个2米深的天然石洞,里面有烟熏的痕迹,可以推测这么多的财宝一定是人为放到这里。这里原来一直都是丝绸之路上中西交通的古道,一幅画面闪现在李老师的脑海里。公元8世纪初的唐朝,一位一直在我国和西方

第二章 丝路遗铢 西传融合 ◆

(中亚波斯、大食)之间做国际贸易的商人,这天刚做完一笔大买卖,很是满足。可是在这段路上,时常会遭受强盗和土匪的袭击,但没想到今天就是他的倒霉日,回程的旅途上就遭遇了一伙强盗,没有办法,命重要啊!仓皇中将所带的金条银币都埋在路旁。只可惜这位商人再也没有机会和它们相见了,却给后人留下了这场邂逅。

大家可能会问为什么外国钱币会在这里出现?能在本地使用吗?还有其他国家的钱币吗?钱币上为什么没有文字呢?要回答这些问题还得从举世闻名的"丝绸之路"说起(图2-6、图2-7、图2-8)。

图2-6 乌恰出土大量银币

图2-7 耶斯提泽德三世银币

- 33 -

图2-8 布伦女王银币

第二节 货币的连通之路

一、"丝绸"的魅力

2000多年前,罗马人都喜欢这样一件惊异的东西——它轻薄如云,透明似冰,购买它需要支付黄金。这就是中国美丽的"丝绸",它成了商人们追逐的目标,是贸易交流的主打产品。它从古都长安经过河西走廊,过玉门关抵达新疆,分北、中、南三路,沿绿洲和帕米尔高原来到了东罗马帝国的首府伊斯坦布尔,直线距离横跨七千一百多公里,形成昔日世界上最长的一条通商孔道——"丝绸之路"。

中国的玉石、陶瓷、茶叶、漆器和西方的黄金、象牙、珠宝、香料在此穿行,音乐艺术、宗教文化在此汇集、交融。它犹如一条美丽的丝绸,连接了东西方两端文明源头,并且将中国、埃及、印度,和希腊、美索不达米亚编织在一起。丝绸之路从汉代开始通畅,唐朝为黄金时期,当时这里驼铃悠悠,胡商云集不绝,旅行者接连不断,舞蹈家、杂技表演者、异国乐队在这里表演,定居者数以万计,一派繁荣。风格迥异,珍贵奇特物品在西域沿途的绿洲市镇中转、停留,有些就地被交换或是卖出。而作为贸易支付的主要手段之一的钱币,是与"外国人"最直接的交流,传递着陌生而神奇的异国文化(图2-9)。

图2-9　丝绸之路商旅图（引自Tean-Pirrge著《丝绸之路》）

二、无孔的异国钱币

"丝绸之路"上贸易的力量是巨大的，不仅带来了许多稀奇的玩意，还能将波斯萨珊王朝的银币作为高昌时期吐鲁番正式使用的一种钱币。其中库思老二世钱币出现得最多，《隋书·西域传》曾讲到波斯王库萨和在隋炀帝（公元605—618年）时期曾与中国互通使者。此库萨和就是库思老二世（公元590—628年），他在统治区内铸钱，因此存世量也自然很多。波斯萨珊王朝其实和中国的关系由来已久，沙卜尔二世时起，政权巩固，武力强盛，西抗拜占庭（东罗马），东至呼罗珊，打败了嚈哒人，势力扩展到阿富汗，经济繁荣，大批货币作为贸易媒介。6世纪中叶，波斯势力直达阿姆河，与中国边境接近，商业贸易往来也就更多。

据史籍记载,从公元4世纪起萨珊朝和外界联系开始增多,《魏书·西域传》曾记载到,在公元455—521年的66年里,波斯遣使中国十次之多。

波斯银币在我国新疆吐鲁番高昌故城、新疆库车苏巴什古城、青海西宁古城、陕西西安沣西张家坡隋墓、西安近郊唐墓、河南陕县隋墓、洛阳北邙山唐墓、河北定县北魏塔基舍利函、广东英德市南齐墓等4~8世纪时期的遗址和墓葬中都有发现。

陆上丝绸之路是萨珊银币进入中国的主要通道,并且沿着这条路由西向东推进。银币的种类由第一期的三位王(沙普尔二世、阿尔达希尔二世、沙普尔三世)增加到十余位王,数量大增,丝路的繁荣和萨珊国力的强盛呈现在眼前。

《大唐西域记》卷十一提到波剌斯(即波斯)"户课赋税,人四银钱",可见这种银币在波斯是作为赋税支付手段的主币。在西域,波斯银币可以用来买卖土地房屋、支付田租、发放贷款,或是买卖奴婢以及其他的日常生活开支。作为如此稀罕的异国钱币,有的人甚至还将它作为收藏品与大量的金银器皿放在一起;而有的人更是将它视为心爱之物,穿上小孔,佩戴在身上;佛教徒们会把它当成财宝放于舍利塔基处,作为自己虔诚的供奉,还发现有的将它遮盖在死者双眼上。

为什么大家如此看重这种钱币呢?甚至好像比正在使用的钱币还要珍贵?可能就是因为它的"与众不同"吧!首先它们中间无孔,正面为不同王朝的国王的半身像,一般都是右侧像,戴王冠,似有飘带,中国钱币最看重文字,它却将波斯文作为钱币外缘装饰。而背面以信仰的祆教(拜火教)祭坛作为主体纹饰,坛上有圣火,两侧各有祭司一人,为僧侣"美葛"和"摩培德"。祆教在当时西域流行,也与此钱币有着密切的关系。其次,钱币还使用了银的质地,这可是贵重的金属,每枚都有4克左右。当然钱币的制作方法也与中国铸币千差万别。他们采用了最直接的打压方法,先将金属冷却加工捶打成薄片,然后将薄片夹在阴阳钱模之间,再反复捶击钱模而成。故同一种钱币的厚薄、大小、轻重都不甚均一,字画深浅不等,边缘粗糙,中心也当然不会有孔。但谁会想到如此不同的异国钱币却给以后西域本地铸造的钱币带来了一丝新鲜的春风。

知识拓展：西方打压钱币制作方法

使用刻刀、钻子、凿子、冲子在硬度不太高的铜块或是低碳钢块上雕刻出上下不同的凹纹图案的钱模，一般下面雕刻的是钱币的正面，比较厚重，为基台模具，上边一块雕刻钱币的背面，为打印器。将预先铸好的同重同大的圆形金属饼即钱坯加热到可以锻打的程度，放在打印器和基台模具之间，通过钱模两部分上的一道凹槽固定住，最后用铁锤反复锤击打印器的背面，就制造出正背面均为凸起浮雕图案的钱币（图2-10）。

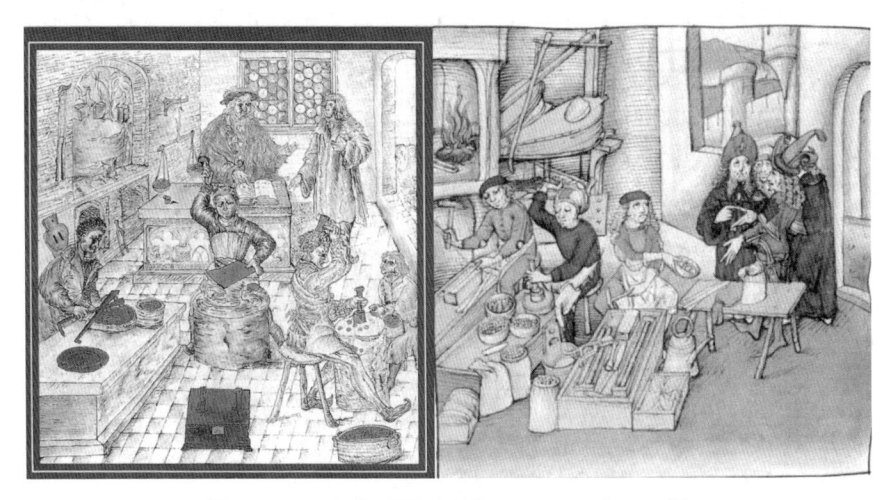

图2-10　西方造币图1（引自Joe Cribb《MONEY》）

三、图案说话

在异国"钱币"中，还有众人超喜欢的那"黄灿灿"的拜占庭（东罗马）金币（图2-11），它的质地可是黄金。中国与罗马之间漫长的道路无法阻挡丝绸之路上的贸易交往，金币随之进入了新疆、甘肃、青海、宁夏、陕西、河北等地。在丝绸之路上，它就是身份与财富的象征，富商大贾和高级官吏们都是它的追逐者。与波斯钱币同样，金币的正面使用了国王的形象来表达王权，早先是国王右侧的半身像，后来是只侧了四分之三的国王的正面像,最后直接变为国王的正面像,这展示了拜占庭(东罗马)帝国的不断强盛与不断提升的自信。而最可爱的宋朝人还一度将东罗马金币正面的国王头像当成弥勒像,认为罗马帝国和中国一样,信仰的是佛祖。拜占庭钱币用波斯风格的连珠纹代表着国王的王冠上缀满的各色宝石,国王肩部扛着矛,好像是时刻准备刺向敌人的善战的勇士。钱币的背面图案也从过去常见的胜利女神维克特丽变成了男性的天使,后又成了君士坦丁堡的城标,彰显了至高无上的王权。拜占庭钱币使用的铭文也同他们复杂的语言一样,政府使用拉丁文,希腊的传统的名人使用希腊语,老百姓则使用着亚美尼亚语、古叙利亚语、希伯来语、阿拉伯语和科普特语。在进行了一场语言的复兴运动后,希腊语慢慢成为唯一正式的语言。因此,钱币上常常出现拉丁文、希腊字母混合使用的情况。

图2-11 东罗马金币正面与背面

如此贵重的钱币在魏晋到盛唐的数百年里,成了丝绸之路上流通的国际钱币。人们对它的喜爱绝不亚于波斯银币,他们在钱币上钻上单孔、双孔或是多孔作为佩戴装饰品。还有一些家庭经济条件很是优越的人,死后将其含在口中,保佑身后富贵。为了弥补对其的需求,粟特民族还专门制作一些仿品(图2-12),它们只有单面有图案,有的打压出查士丁尼一世的浮雕半身头像。背面为凹进去的纹样,质量轻且薄,用于流通和陪葬。当时,西方许多"胡商"前来河西诸郡交市,故其所携带的金银币也流入了河西。

图2-12 东罗马金币仿品正面与背面

这些贵金属大多数情况下是用于购买丝绸这种奢侈品的。首先是由萨珊的商人获得经营丝绸的控制权，他们组织的商队活跃在西亚和中国之间。而精明的粟特商人在丝绸之路上的绿洲城市建立聚落，形成了巨大的商业交换网，采取扩大经营范围的先进通商技术，逐渐超越按部就班的从事贸易的波斯商人，他们懂得，能走完丝路全程的商队是寥寥无几的，分段贸易应该是以后一种基本的贸易形态。但无论经营者如何变化，东罗马金币并没有受到丝毫影响，一直在丝绸之路上受到人们的追捧。

四、高浮雕的显示

贵霜王朝这个建于公元1世纪上半叶，消亡于公元3世纪的中亚地区的古代盛国，与古罗马帝国、帕提亚（安息）帝国和中国东汉王朝并称为世界四大帝国，曾拥有百万人口，二十万士兵。贵霜崛起很大的原因是它所处的地理位置，它西起咸海，东至葱岭，南连印度河、恒河地区，连接中亚与北印度。它充当中国丝绸、漆器，东南亚香料、金银奇货，罗马的玻璃制品、麻织品等各种贸易物资的中转站，同时输出胡椒、棉织品、宝石等物品，所获的厚利为贵霜王朝经济迅速发展起到了关键的作用。同时，它的文化也是多元的，借用佉卢文为官方文字，后改用了婆罗米文，又逐步推广吐火罗语，在宗教上，它又非常宽容，佛教、印度教、祆教等宗教在社会中都流行。贵霜钱币采用文字与人物、图案设计并重的原则，形制千姿百态，高浮雕图案清晰精美，将贵霜王朝的文字、宗教、王朝的变迁全部展现无遗。其中有相当数量流入西域,包括有贵霜王朝第三代君卡德菲兹(即阎膏珍)铜币。铜币正面为身披战袍站立的王像,有希腊铭文:"王中之王,伟大的救世主,卡德菲兹",背面为骑牡牛的神像,有佉卢文铭文。在和田约特干还发现了贵霜王朝(1~3世纪)迦腻色伽王所铸铜币,正面为全身站立的迦腻色伽王像、祭坛,背面为半身盘膝的生命之神像、祭坛。

汉佉二体钱有些是在贵霜钱币上重新打压的,其中的希腊文为汉文所取代。1980年楼兰古城发现了一枚贵霜钱币,钱面单人骑驼图案,钱背平整无纹。在古城中三间房西南居民区附近采集,钱径27毫米、厚3毫米,重16.3克。贵霜王朝早期的钱币正面为一头牛,背面为一头骆驼(图2-13),后又加入宗教的图案,法轮、佛陀,还有袄教的祭坛、耆那教的公牛、婆罗门教的湿婆和希腊的宙斯神像。佛教盛行时,贵霜将印度文化和佛教文化相互结合,将王权和神权融为一体,钱币上开始出现"贵霜化"的希腊、伊朗、印度诸神。后期贵霜钱币的正面为国王的侧面半身像,到了晚期阎膏珍在位时期,正面钱面改为站立,身穿长袍的王像,背面仍为古代希腊的诸神像等,但有时改为骑在马上的武士,最后还出现有盘膝坐在毯或椅子上的王像。

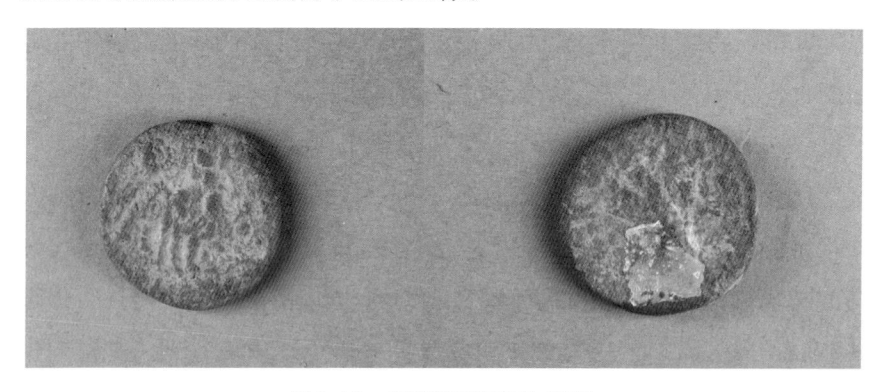

图2-13 贵霜钱币正面与背面

贵霜钱币最大的特点是有族徽,早期为较简单的三叉形,晚期变化成四叉形。在贵霜帝国历史上著名的伟大君王伽腻色伽一世统治时期,贵霜帝国全面强盛,丝绸之路畅通,所造的钱币数量大,而且还注入了新的文化气息,钱文不再使用佉卢文,采用统一的希腊文字(图2-14)。在钱币上第一次采用了帝王头像,以此来彰显自己神圣的地位和身份,正面为他的站立全身像,戴贵霜皇室传统皇冠,左手持权杖,右手向身边一个祭坛献贡;背面为风神奥多双手持披肩大衣朝左奔跑,左方徽记显示贵霜王朝的繁荣与稳定(图2-15、图2-16)。

图2-14 伽腻色伽一世铜币正面与背面

图2-15 丘就却铜币正面与背面

图2-16 莎伽金币正面与背面

五、饭唅习俗

吐鲁番阿斯塔那墓葬中,经常出现口含金银币的现象,有拜占庭金币仿制品、波斯萨珊银币。还有将波斯萨珊银币覆于干尸的眼上。有什么特殊作用吗?同中原地区死者含珠玉一样吗,开通冥路,保佑自己?还是另有原因?这种习俗非常流行于麴氏高昌和唐西州时期的汉族贵族墓中。为什么要将这些金银币放在死者的口中、手中、眼上,而且只在高昌地区非常流行?这还得从高昌王国开始说起。

高昌最初是汉代屯兵之地,称为"高昌壁",东汉到西晋是西域戊己校尉的治所。自前凉开始,该处设高昌郡,历经前秦、后凉、西凉和北凉。公元439年北魏灭掉北凉,沮渠无讳西逃,在公元443年在高昌称王,结束了高昌郡时期。麴嘉随后于公元499年,建立麴氏高昌王朝,持续统治了140年,直到公元640年被唐朝灭掉,唐西州取代了麴氏高昌王国。因此高昌王国它是由来自河西的汉族移民建立的王国,并与周边的胡人常年生活,特别是生活在高昌地区的大量胡商移民,高昌人的习俗糅合多种文化因素,呈现出极具活力的开放态势。作为统治阶层的汉族移民仍然保留了许多汉文化传统,如文字、官制等。《周书》卷五十《高昌传》载:"文字亦同华夏,兼用胡书、有毛诗、论语、孝经,置学官弟子,以相教授"。大量出土口含金银币的吐鲁番墓葬主人张氏家族,即为从凉州迁移而来的汉族后裔。《武周张怀寂墓志》载,"襄避霍难,西宅敦煌,余裔迁波,奄居蒲渚,遂为高昌人也"。高昌王国的统治阶层,大多数为迁徙在此的汉人,有高昌王族为金城(今兰州)麴氏后裔,还有敦煌张氏、敦煌令狐氏、西平麴氏、敦煌阴氏、张掖汜氏、张掖巩氏、武威袁氏,等等[1]。汉文化情结非常浓厚。这些河西地区的望族的传统儒学情节很重,他们迁居高昌之后,虽然身为高昌王族或者社稷股肱之臣,但儒学教授并未停止,并派遣子弟前往长安学习儒经。吐鲁番地区出现在墓葬中的口含币葬俗,应该就是中国传统饭唅葬俗的一种发展,是

---

[1] 李志敏. 关于麴氏高昌王国主题居民族属问题[J]. 喀什师范学院学报(社科版),1999(9).

随着当地汉族贵族从陇西地区移居吐鲁番地区而来,因此多流行于汉族贵族墓葬之中。从7世纪中期麴氏高昌末年逐渐流行,至唐西州初期达到鼎盛,8世纪逐渐减少。汉族后裔在特定的历史背景下,结合高昌地区当时的社会经济文化特色,对汉民族传统的饭晗习俗的延续和发展,在继承传统的同时又有一定的原创性,可以看出当时外来钱币在当地社会经济生活中的深入影响,体现出中西文化交流的深度和广度。中原文化在西域地区传播并与当地特色文化相融合,形成了口中含有金银币的现象。

在这条"丝绸之路"上,国与国的交流、人与人的交往真的不仅仅是贸易的往来,也潜移默化地带来了文化、文字、艺术、钱币、宗教信仰的影响,对人们的生活方式产生了不可估量的影响。这些贵霜钱币、东罗马金币,波斯银币一度在东汉、魏晋、南北朝至唐时期流通于和田、吐鲁番、焉耆、库车等地,与本地钱币共同使用着。他们使用金银购买西域的奇珍异宝,如珊瑚、珍珠、香料、水晶、琉璃等,而西方大秦、安息等国商人,用金银购买中国的丝绸,北周时期,河西诸郡公开使用西域的金银币,而政府不加禁止,放任自流。因此这些各国钱币在新疆这片土地上和谐相处着,不断演绎着丝路上的贸易的一次次胜景。

六、"天圆地方"的魅力

"宽永通宝""景兴通宝",这些"天圆地方"钱币在中国钱币史上却找不到它们的痕迹。但都出现在西域丝绸之路上,其实都是周边国家仿照中国"天圆地方"钱币形制铸造的。

"宽永通宝"始铸于日本第108代后水尾天皇宽永二年(公元1625年)。它是日本历史上铸量最大、铸期最长、版别最多的一种钱币,发现于丝路北道奇台地区。钱币直径2.4厘米,重约2.7克,正面钱文为"宽永通宝"四字对读,钱背多为光素无文,少数带有文字"文""元"等,或带有星点、纪年、纪数、纪地及波纹等,与我国宋朝钱币极其相似。[①]日本

---

① 魏咏柏. 宽永通宝钱[J]. 收藏,2018(6):1.

是最早开始仿铸中国方孔圆钱的国家,唐中宗景龙二年(公元708年)就开始仿效唐朝铸币。明朝时期,随着中日两国经济的往来,中国铜钱开始大量输入日本,"宽永通宝"也在中国国内流通。乾隆年间一度认为是民间私铸钱,由于钱币上带有"宽永"年号,这对政府而言,无异于另立皇帝。于是,乾隆帝便派人对此进行详查,结果却发现是日本钱币。"宽永通宝"是流入我国数量最多的外国钱币之一,此钱在丝绸之路北道奇台发现,可以看出当时丝路商品贸易的交换范围,西域是东西方经济、文化、政治交流的必经之地。

同样,安南(今越南)"景兴通宝"铜钱也采用了"天圆地方"的形制,在昌吉州玛纳斯县发现。钱币直径2.2~2.4厘米,重0.8~3.2克,正面钱文为"景兴通宝"四字对读,有真书、行书、隶书、篆书等多种书体。钱背有的为光背,有的则带有星、月等纹饰。此外,真书钱的钱背带有干支纪年(庚申、辛酉、壬戌)、纪地(京、山西、山南、平南)、纪方位、数字等。

"景兴通宝"流入西域可能不是经济的往来带来的。乾隆二十年(公元1755年)清政府平定准噶尔贵族集团武装叛乱。清军在九家湾筑堡驻兵,并开始屯垦,兴修水利,广招垦民,军眷、移民增多,商业、农业有了较大的发展,垦区已扩展到今昌吉、吉木萨尔一带。乾隆三十六年(公元1771年)安南国民黄功缵率领22户100多人归附中国,迁至今乌鲁木齐,由地方当局拨给土地、房屋、农具、种子,安置在土墩子从事农业生产。这些安南人居住的地方,当时叫"安南工"(另一种说法是,在今西郊三坪农场场部一带)。1984年乌鲁木齐市人民政府将此处命名为"安南工村"。清乾隆四十二年(公元1776年)清政府又遣送安南人903人由云南至乌鲁木齐安置就农,以后又移送伊犁。"景兴通宝"应该是安南人随身携带而来的。"景兴通宝"是安南货币史上铸年最长、品种最多、数量最大的一种钱币。

"景兴通宝""宽永通宝"(图2-17、图2-18)的发现见证了中国文化对周边国家的影响。丝绸要冲的西域是东西方经济、文化、政治交流的必经之处,当时已成为世界货币汇聚的中心地带。

第二章 丝路遗铢 西传融合

图2-17 景兴通宝

图2-18 宽永通宝

知识拓展：深受东方钱币文化圈影响的钱币——你了解吗？

如果大家以为外国钱币就仅是采用打压制法形成高浮雕图案的艺术效果，那就一定有所偏差了。随着来到边疆屯田外国友人源源不断地流入西域，越南（旧称安南）的"景兴通宝"（图2-17）、日本国的"宽永通宝"（图2-18）都有着中国钱币天圆地方的外形。其实在中亚、南亚、西亚和东非的钱币，他们都采用了"天圆地方"的形制，用汉文标注钱文，而且用楷、行、隶、草、篆书法形式，与中国钱币共同形成独特的东方钱币文化圈。在西域这片土地上，中西方钱币完美共融，相互借鉴。

第三章 中西交融 神秘文字

东西方钱币文化在西域,相互影响、吸收、交融,形成了你中有我,我中有你的格局,同时也造就了多元的本地钱币。多民族的东来西往、多文字的相互借鉴以及多宗教的传播影响,又让西域自铸钱币更加丰富多彩。

第一节 丝路上的世界货币

一、开创先河

于阗国,这个历史上扑朔迷离,弥漫着东来紫气、西降祥云的城邦小国,乃是丝绸之路上最富庶的地区以及中西交通的中转站。其纺织印染业、酿酒、采玉都是别国不能比拟的,市场上充斥着汉地的丝织品、草药、香袋,波斯的玻璃,本地的擀毡、棉布。胡商贩客日日在此做着自己的生意。

汉代时丝绸的生意是最好做的,有本地产的,还有东边来的各种花色,好看的都能销往西方。可是钱币的换算老是影响着生意。这不,这天一位粟特商人刚卖掉丝织品得来的钱币,就想换成五铢好再进货销售,又和于阗官衙争执起来了,这个月都发生好几起了。城长(文官的名称)实在是头疼得很,只好再次汇报给于阗国王了。

能不能出台一个换算的标准呢?于阗王深知其中的利害,早就在心里盘算着解决的办法,又加上聪明的贵霜译长(翻译的人官名)的建议,自创一种钱币的想法开始了然于胸。

第三章 中西交融 神秘文字

首先要能用不同的钱币单位作为基础进行兑换。当时本地使用的贵霜王朝的钱币单位是"德拉克马",中原王朝的汉五铢为"铢",其次兑换的标准能相通。综合所有的因素,于阗王铸造这样一种钱币:分大小钱币两种,正面用汉文标明面值重量,背面用当地文字佉卢文和图案标注,采用古希腊的打压方法,这就是以后世界上闻名遐迩的新疆最早的自铸钱币——汉佉二体钱。其中大钱为"二十四铢"钱,小钱是"六铢",一方面方便兑换"德拉克马"单位的钱币,另一方面也可以兑换五铢,开创了丝绸之路的"世界钱币"的先河。它的换算表是这样的:与贵霜钱币的兑换是汉佉二体钱大钱=4个德拉克马=4个小钱即1个小钱=1个德拉克马;与汉五铢钱为5个"六铢"=6个"五铢",1个"二十四铢"+1个"六铢"=6个"五铢"。从此,汉佉二体钱不仅解决了兑换的矛盾,还开始在于阗国内自由使用了。

汉佉二体钱一面为汉文,另一面为佉卢文,吸收了汉民族文化和希腊、贵霜等东西方钱币的特点。采用了西方圆形内无孔的打压方式,将汉文与佉卢文双体文字重叠压制。钱币正面中心为一匹马或一峰骆驼的图像,在马或骆驼的周边一圈为佉卢文字母,是一种颂词。背面的中央为花纹,似"月桂树的环",外边一周铸有"重廿四铢铜钱"或"六铢钱"汉文篆体,表示钱币的重量和面值(在古代,人们有时用重量表示面值)。钱币的背面是由马或骆驼形图案和佉卢文组成,因此又常被称为"和田马钱"。钱币为打制,是预先将铸好的同重同大的圆形金属饼即钱坯加热到可以锻打的程度。放到模具中夹在阴阳钱模之间,再反复锤击钱模而成。故同一种钱币的厚薄、大小、轻重都不甚均一,字画深浅不等,边缘粗糙,中心也没有方孔(图3-1、图3-2、图3-3、图3-4)。钱币上的佉卢文是何种文字呢?从哪里来?为什么在钱币上使用?钱币上文字有什么含义?马上就向大家一一揭晓。

◆ 天圆地方 —— 一本书读懂西域钱币文化

图3-1 汉佉二体钱（骆驼钱）

图3-2 汉佉二体钱正面与背面（二十四铢）

图3-3 汉佉二体钱正面与背面（六铢）

图3-4 和田阿克斯比尔古城遗址(苏建东摄)

二、长眠于历史中

佉卢文,相信大家对它非常陌生,可能很少有人听说过它,即使在全世界也没有几个人能读懂它。佉卢文同古楼兰国一样,不知何种原因,在一千多年前突然神秘消失,成了一种死文字,长眠于历史长河中。

佉卢文外形如豆芽菜一样,传说中是一位叫"驴嘴"的仙人拼写创造,梵语称它为"驴唇文"。实际上,它起源于公元前5世纪犍陀罗(今巴基斯坦白沙瓦一带)地区,属于阿拉美文字系统。准确来说,这种文字应当称之为"佉卢字母",因为它只是一种文字符号。它的书写方式也与汉文不同,由右向左横写,字母不连写,字与字之间无间隔,也无标点符号。佉卢文到了公元2世纪传入于阗国,开始被加以利用;到3世纪时,进入鄯善地区(今新疆和田地区民丰县至罗布泊一带),成为当时的鄯善国的官方文字之一。当时大量国王谕令、公私书信、契约、籍账和佛教文学作品都用此文字书写在木牍木简上。而汉佉二体钱上文字含义,根据文字专家的释读应该是"大王,众王之王、太上秋仁之(钱货);都尉之王秋仁之(钱货)"等(图3-5)。虽然,我们无法认识这种谜一样的文字,但东西方经济、文化自然的交流、碰撞在钱币上尽显无遗。

图3-5 佉卢文木简

第二节 多彩文字显风流

从东汉时起对西域的管理"三绝三通",魏晋时期在楼兰设立西域长史府,西凉在高昌地区(今吐鲁番)建立高昌郡。汉文化已经深深地扎根到这片广袤的大地上,影响着西域政治、经济、生活的各个方面。再加之西域地区大规模民族迁徙和融合,形成的多种文字相互交融,极大地改变了西域地区的人文景观,当然,钱币是这场历史变迁的最好见证者之一。

一、首位出场

远在西域的龟兹王降宾历来喜欢汉朝的文化,他自己穿汉服,宫殿也仿照汉宫建造,出巡用仪仗护卫,出入有鸣钟撞鼓。他当然更加喜欢来自汉朝的人,直接就向路过龟兹前往长安学琴的解忧公主的女儿弟史求婚,最后也成功了。自此,龟兹一直与中央王朝保持着友好关系,汉朝甚至将西域都护府的本营都设在此地。

佛教流入后,龟兹更是一跃成了西域佛教的中心,往来取经与商旅之人络绎不绝,先进的汉文化影响着西域大地。龟兹五铢就是首位见证者。

第三章 中西交融 神秘文字

魏晋南北朝时期，中原多战争，政权更迭的状况下，中原传入的"五铢"根本无法满足人们的需要。古龟兹国（今新疆库车，轮台、阿克苏、巴楚等地）无奈之下，率先开始在当地铸造钱币。古龟兹国，汉代属西域都护府，境内盛行佛教，物产丰富，能冶铸，擅长歌舞，历史上曾以龟兹乐著称，其管辖大体上东起轮台、西南抵巴楚，北依天山，南接塔里木盆地，唐代为安西四镇之一，唐代后期回鹘人入居龟兹，史称"龟兹回鹘"，元代称曲先，清以后称库车。因此钱币形制上自然采用了圆形方孔，钱文使用了汉文和当地的"龟兹文"，铸造了"龟兹五铢"（图3-6）和"龟兹小铜钱"，后也常称为"汉龟二体钱"。龟兹五铢与汉五铢互相通用，价值也相当，但用龟兹文"3""O"来表示，"3"是代表数量为五十，"O"为龟兹文中的重量单位，可以看出汉代的一铢应该是十个"O"单位的。有些钱币上也直接铸上"五铢"，好让老百姓了解龟兹钱币的价值。他们采用当地的红铜并按照中原铸造钱币的浇铸工艺来铸造，先用当地的细泥做成简易龟兹铜钱的范（图3-7），再将红铜用坩埚来熔炼化为铜水直接浇铸到钱范上，因此钱币很不规整，后来为了节约人工和成本，开始铸造无字无郭、薄而小的龟兹小铜钱来使用。但钱币上使用的龟兹文却成了至今难解之谜，我们到目前为止还不知道使用这种文字的是什么民族，他们从何处来，归宿又如何，为什么突然消失？只是据文字专家研究，得知龟兹文是公元3～9世纪出现在今库车、焉耆和吐鲁番等地，使用了一种印度的婆罗米文中亚斜体作字母的文字，西方人称这种文字为"吐火罗文"。

图3-6 龟兹五铢

图3-7　五铢钱范

在西域,由于使用地域的不同,这种文字又分为两种;在焉耆—高昌(今吐鲁番)一带使用称为甲方言(亦称"吐火罗语A""东部吐火罗语""焉耆语");在古龟兹(今库车)地区流行称为乙方言(又称"吐火罗语B""西部吐火罗语""龟兹语")。在焉耆县锡克沁佛寺遗址出土的中国历史上最早的剧本《弥勒会见记》就是用焉耆语墨书写成的(图3-8),它让我们能进一步领略到它的风貌。

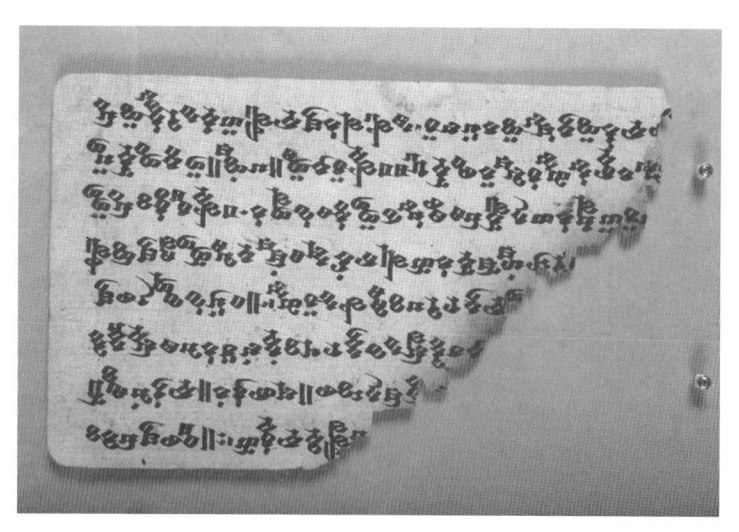

图3-8　焉耆语《弥勒会见记》剧本

第三章 中西交融 神秘文字

二、年年朝贡无阙

汉文化对钱币的影响脚步并没有因为政权的更替而停止，而是向更西边的方向开始进发。在李白的出生地—"安西四镇"之一的碎叶城，突骑施汗国建立了牙帐（可汗的宫殿）。突骑施立国前后80年里，受高度发达的大唐文化的影响，处处仿唐，如州县制、军队建制、城市建筑、农业、手工业、商业等方面几乎唐化，在安西和北庭两大都护府的管理下，年年朝贡无阙。汗国与唐朝关系紧密，历代首领乌质勒、娑葛、苏禄、莫贺达干等都受唐朝册封。由于占据了通往中亚最近的城镇的有利位置的优势，汗国贸易繁荣，经济得到了重要的发展，还专门设立了负责贸易事宜的牙官。

突骑施汗国也开始铸造一种结合本地民族语言的新的铜币—"突骑施钱"（图3-9），形制和浇铸方法均仿效中原"开元通宝"，在突骑施首领苏禄可汗在位（公元716—738年）时所铸造，直径约为2.3厘米，重4.5克左右，青铜质，字廓周正、制作精良"。钱币正面的文字使用了当地的粟特文（又称窣利文），这些文字翻译为汉文的意思就是"天神的突骑施可汗钱币"，有些直接译为"天可汗突骑施钱"。"天可汗"是我国北方少数民族对大唐天子的尊称，表明突骑施汗国属于唐王朝。钱币的背面有印戳符号标志，形似弯弓，有的是单形弓，有的是双形弓。该钱在中亚楚河流域阿克贝希姆古城遗址出土较多，在新疆的库车、吐鲁番、木垒等地也发现了一些。这种钱币铸造非常规整，很可能钱币的浇铸得到了当地的汉族工匠的帮助。而且在中亚地区发现一面有汉文"开元通宝"字样，另一面有粟特文的外圆方孔钱，称为"粟特—中国钱"可见唐代货币文化对西域和中亚地区影响的深远程度。钱币上粟特文是在古波斯安息王朝官方文字阿拉美字母草书基础上根据粟特语发音特点创立的，11世纪以后就消失，成为死文字。粟特文开始从右向左横书，经丝绸之路的传播来到此地，就被当地先进的汉文化所影响，改为汉文的自上而下竖写书写方法。

图3-9 突骑施钱币

据《新唐书》记载:"后雄西域,开元五年(公元717年)始来朝,授右武卫大将军、突骑施都督……进号忠顺可汗"。突骑施与唐通婚姻,又与安西互市,突骑施钱币流入龟兹等地。突骑施汗国钱币的铸造和流通,是唐文化对西域地区影响的一种缩影,一种印证。

三、难分清楚的文字

西域遗留着众多的少数民族文字,即使你不认识,我相信仅从字面上也能发现它们的不同。而这两种文字,却让你看完都不知道它们的区别到底在哪里。让人傻傻的不知所云,这就是"回鹘文"和"粟特文"。其实原因非常简单,因为回鹘文就是来源于中亚粟特文,因此书写方法同粟特文一样,早期也是横写,后也改成了自上而下竖写。后来粟特文被突厥各部借用,并在笔画上略做变化,但由于回鹘人广泛使用粟特文,影响过大,就直接改名为"回鹘文"。

这种文字当然会用到最为重要的钱币铸造上。回鹘商人经商,生意都做到了中亚、欧洲等地。而且农业和手工制造业也很发达,精通冶炼工艺,"高昌回鹘钱"自然产生了。钱币形制当然不会变,依旧还是以"开元通宝"为标准,于西州回鹘时期(公元866—1209年)铸造。回鹘亦称回纥,公元647年酋长吐迷度接受唐朝怀化大将军兼瀚海都督的称号。公元840年回鹘汗国灭亡,分为四支:一支南下至今内蒙古地区;一支往河西走廊,居住甘州一带;一支奔安西,住在吐鲁番一带;一支西奔天山北与属部葛逻禄会合于巴尔喀什湖南部地区,分别建有地方政权,在吐鲁番为高昌回鹘王朝,也称西州回鹘。因高昌故城是西州回鹘国的冬都,而北庭故城是西州回鹘国的夏都。在高昌故城(今新疆吐鲁番市东境)、北庭故城(今新疆吉木萨尔县县城北境)都有发现这种钱币。回鹘文铜钱分单面回鹘文和双面回鹘文两种。都采用标准的中国古钱币形制,圆形方孔,有缘有郭,直径为2厘米,重2克。双面钱币正面铭文分布穿孔的上下左右,为"阙·毗伽·卜古·回鹘天可汗"或"有名望的,圣明的回鹘天可汗"。意为"大智大圣的回鹘天可汗"。背面的铭文分布于穿孔的左、右,为"奉王命颁行"或"奉伊尔·吐尔迷失之命颁行"。意为"奉吐尔迷失的敕令(通行)"。整个钱币的意思为"此铜钱是遵奉吐尔迷失的敕令铸造和通用的"。

由于西州回鹘国前期(公元866—1037年),统治者号称"可汗",因此双面回鹘钱币为此时期铸造。同时双面回鹘文的铜钱的文字较多,模子上的笔画较细,青铜汁浇铸时很难流通全面,所以铸成后的铜钱,铭文往往比较模糊,品相优美者较少。单面回鹘文铜币铭文集中在正面穿孔的上下左右,背面光素无文。意译为"圣命准予通行""奉亦都护的敕令(准予)流通"。西州回鹘国后期为公元1037—1209年,其统治者号称"亦都护"。因此单面回鹘文钱币为这时期铸行。单面回鹘文铜钱的文字较少,字形又有简化,所以铭文的笔画较粗,浇铸时,铜液容易全面流通,所以铭文比较清晰,品相精美的铜钱较多。无论是单面还是双面的回鹘文钱币都是受到中国传统货币文化的深刻影响。回鹘民族在"丝绸之路"的经济史和货币史上,都占有重要的地位,有着很大的研究价值(图3-10、图3-11、图3-12)。

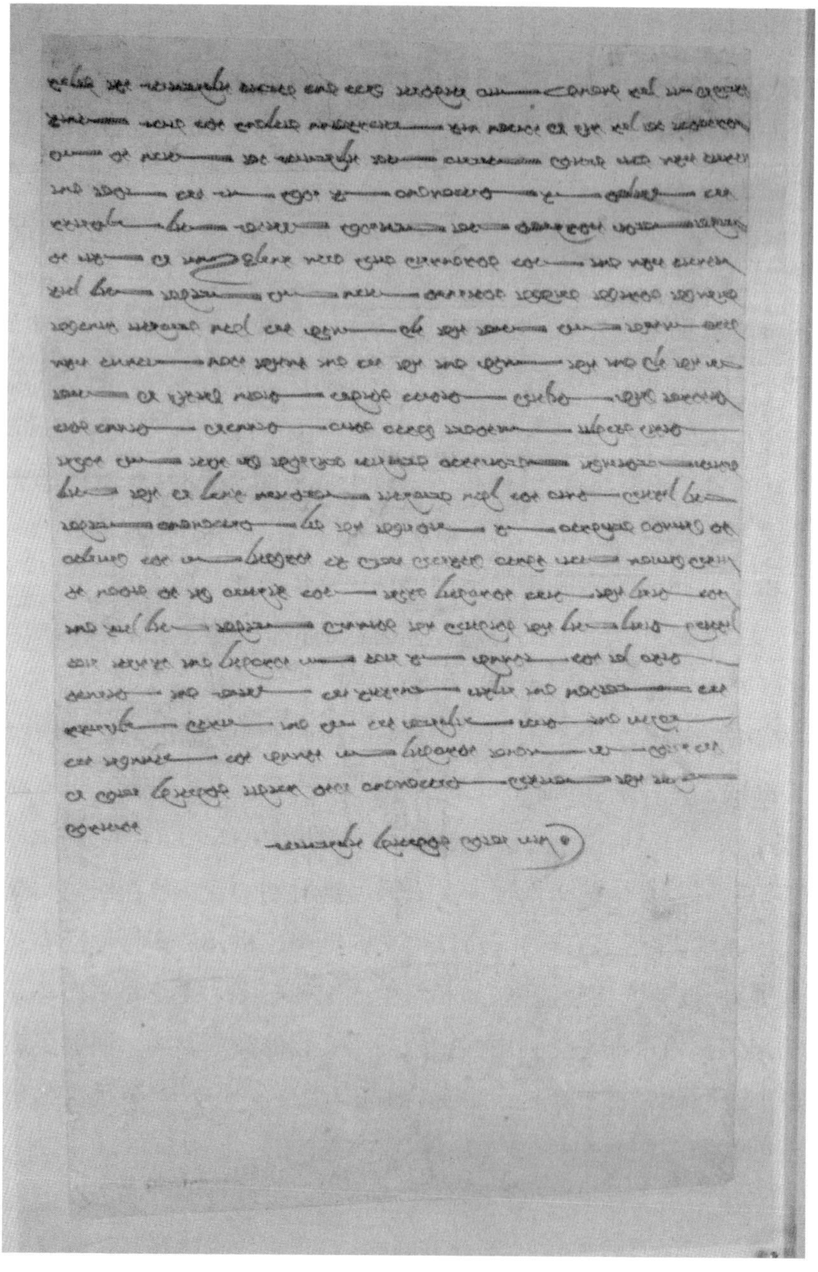

图 3-10　唐粟特文买卖女奴文书

第三章 中西交融 神秘文字

图 3-11 回鹘文铜币

图 3-12 回鹘文《弥勒会见记》

从钱币可以看出,唐对西域的管辖进一步加强,西域和中原在经济文化方面的联系更加紧密。与此相适应货币流通领域也是以使用唐王朝统一的钱币为主,新疆各地经常发现大量开元通宝、乾元重宝、大历元宝、建中通宝等,吐鲁番阿斯塔那古墓群出土唐代文书中普遍出现唐钱计算单位"文",西域地区自铸钱币,从汉至唐,除汉佉二体钱采用西方的打压法外都按我国传统钱币外圆内方形式铸造,隋至唐初,新疆地区继续使用龟兹的小铜钱(小五铢)、8世纪突骑施钱以及后来的回鹘钱的形制特点都是这样,仿照开元通宝铸造而成。

四、"光明"与"黑暗"

它以相互对立的两个教义"光明"与"黑暗"为建教基础，保义可汗（公元808—821年在位）将它推到了全盛时期，这就是丝绸之路上又一个流传的宗教——摩尼教。而此时，保义可汗已经控制北边的北庭地区和南边的龟兹地区。创造一种宗教崇拜物一直是可汗的心愿，那什么合适呢？当然，钱币肯定是首选了，它流通最快，也最为大家喜欢，于是"日月光金"出现了。当时它不能用于流通，而是作为摩尼教的拜物。钱币的外形与正在使用的开元通宝一致，并用摩尼教的拜物对象"日""月"来称呼。背面铸有胡书文字，到现在还无人能识别，只是知道具有粟特文和回鹘文的音节文字的特点。同时，因为需要一种祭祀的"日月光金"法器，于是在原有的形制中又加入了一圈波斯连珠纹和八个突出的齿轮，形似法轮，自此西域最具浓厚的宗教色彩的钱币出现了（图3-13）。

图3-13 日月光金正面与背面（蔡杰华提供）

五、堪称完美的钱币

"高昌吉利"一出现，就被收藏家们评为珍品级的上品。它存世量极少，世界公私收藏共计不过100余枚。人们喜欢它的"大吉大利""吉祥如意"的话语。但历史总是和人们的想象存在一定的差距，其实"高昌"是指高昌国，而"吉利"是用汉字来拼读的古突厥语，实际上应是突厥语 ilik 或 ilig（汉译为"王"），即"颉利发"的汉语音译。创造这个钱币可是费了麹文泰国王的不少心思！

高昌王国从麴氏王朝开始虽然一直国力弱小,但一直与中原交通频繁,据统计,与北魏交通至少有10多次,与梁交通仅1次,与西魏交通2次,与北周交通2次,与隋交通至少5次,与唐交通至少10次[①],还与包括西突厥在内的周边少数民族政权维持频繁的交通。同时麴氏高昌采用汉文为通用文字,并用汉族传统文化来教育民众,如在庙堂上悬挂孔子像,在学堂上讲授《诗经》《论语》。《周书·高昌传》载,高昌"有毛诗、论语、孝经,置官学弟子以相教授",1972年出土的麴宝茂建昌四年(公元558年)《孝经》残件,从"扬名于后世"句"后"字起,到"厚莫重焉"句的"莫"字止,保存了《孝经》一半以上。1969年出土的唐景龙四年(公元710年)卜天寿抄写《论语郑氏注》(图3-14)是迄今发现的最早的《论语》版本,南北朝时期,经学分为南北之学。郑(玄)学行北,王(肃)学行南,麴氏高昌与北朝关系密切。从麴嘉至麴文泰这140多年,高昌国以《论语》等汉代经典治国应是主流,读书人熟读儒家经典已成风气,所以,才会有唐初时期高昌郡的12岁学生卜天寿能熟练地抄写《论语》。也使麴氏高昌王国能灵活周旋在周边的强大外部势力之间,求得自己一个相对稳定的发展环境。

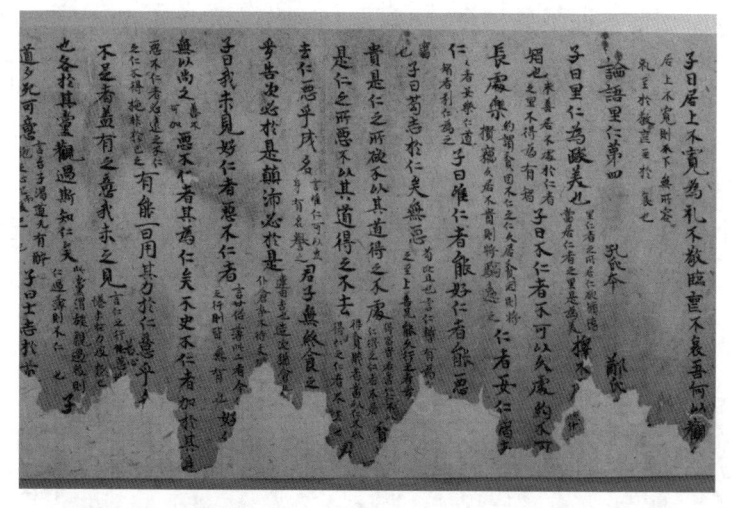

图3-14 唐景龙四年(公元710年)卜天寿抄《论语郑玄注》

[①]王素.高昌史稿·交通编[M].北京:文物出版社,2000.

到了麴文泰当权时更是如此,他非常清楚高昌王国正处在西突厥游牧政权和唐王朝政权之间,不仅要两边都得照顾,同时对内还要强化王权。当时高昌国由于具有得天独厚的自然条件。气候温和,光照充足,灌溉便利,土壤肥沃,农业和畜牧业发达,可谓物产丰富,品种繁多,出产良马、牛羊、苜蓿、葡萄、大麦、白叠(棉花)、瓜果、石盐、酒等。而且地处中西交通要冲,商旅云集,贸易畅通,市场繁荣,商品繁多,中亚粟特地区昭武九姓中的商人,纷纷迁来高昌定居。据出土文书记载,高昌市场经济发达,行业划分细致。如绢帛行、叠布行、木材行、米面行、药材行、斧锯行、皮革行、金银行等。商品有金、银、铜矿石、铁器、刀具、生丝、生绢、叠布、皮革、硇砂、马、牛、羊、大麦、小米、药材、饲料、木材、柴草以及奴隶、田地、房屋、水渠、菜园、葡萄园等,而且西域的冶金工艺技术发达,西域诸国在汉代已能制造铁器。若羌、鄯善、莎车、姑墨(阿克苏)、龟兹(库车)都有冶铸业,可以制造多种兵器,也能铸造钱币。如于阗国铸造有"和田马钱(汉佉二体钱)"。北朝时期,龟兹国(库车)铸造的五铢铜钱称"龟兹五铢",在麴氏高昌发展迅速的情况下,麴文泰铸造钱币最终选择了"高昌吉利"这几个字,它一方面表达了"高昌王"之意,另一方面又符合西突厥所授"颉利发"的官衔,并有祈福、吉祥的寓意。同时钱币还采用圆形方孔的铸造形制,可以看出"高昌吉利"钱币的创意堪称完美!在铸造时更是如此,钱文端正,大而厚重,直径达到2.5厘米,重量为十四五克左右,是"开元通宝"的2至3倍,更是龟兹、焉耆使用的小铜钱的十几倍不止,制作极为精整,磨损极少,应该是纪念性质的"吉语钱",主要用于赏赐或是馈赠的。虽然"高昌吉利"钱文不是其本意,但如此的心意和美好的祝福还是人们共同追求与向往的(图3-15)。

图3-15 高昌吉利正面与背面

知识拓展：钱币的评定等级

钱币的评定等级：按珍、罕、稀、少、多五等级，每个等级内可分为上中下三级，共计15等级。

第三节 西域坚守的见证

天宝十四年（公元755年），天下不太平，中原发生了安史之乱，而一直和唐朝争夺对丝绸之路贸易线路控制权的吐蕃开始攻占河西、陇右，切断了西域守军将士和唐王朝的联系。当时西域安西、北庭都护府主要的军事任务是监视吐蕃、抵御入侵、拱卫中原。其主要经费来源于中央政府供给的军饷，以及作为"唐代前期中国第一重要之国际交通路线经过之地，进行的征捐纳税"。安西与北庭的军政开支非常巨大，据史料记载"自开元及于天宝……每年军用日增，其费籴（买进）则三百六十万匹"，其中"伊、西、北庭八万，安西十二万"，"给衣则五百三十万"，其中"伊、西、北庭四十万，安西三十万"[1]。安西、北庭都护府的守军一下子失去了关内的援助，没有后勤的供应，商贸往来也处于停顿的状态。同时唐朝还将驻守西域的精锐主力东调平乱。西域安西、北庭都护府处于非常困难的时期。大家都人心惶惶，安西大都护、四镇节度使郭昕却表现出异常的冷静，他告诉广大将士："这里是唐王朝的土地，我们应该为国

---

[1] 钱伯泉. 唐代丝绸之路的货币经济[J]. 新疆金融，1991(2).

家守住自己的家园？还是被动等待？"官兵忠于大唐,坚守西域的决心被凝聚,誓死守住西域二镇。

大历元年(公元766年),为了稳定守军和安抚当地的百姓,在盛产铜矿的库车,郭昕仿照开元通宝开始铸造"大历元宝"。根据目前的考古资料以及文献资料,汉唐之际西域冶铸业发达,因此对钱币的铸造也具有先决条件。汉唐时期,西域冶铸主要覆盖楼兰、皮山、婼羌、龟兹、姑墨、难兜、于阗、精绝等地。有冶铜、冶铁、冶铅、冶锡、铸钢、铸铁、铸锡、银器加工、金器加工等行业。同时涉及兵器、生产工具、生活用品,而且也占据了宗教用具市场、装饰品市场,同时钱币当然不会少了。西域的冶铸业不但能满足本地的需求,而且还能对汉族屯田戍卒实施外销。在焉耆四十里城子旧城和唐王城发现了铁锅、铜钱,因此库车具备了铸钱的先决条件。

大历元宝以红铜制作,直径为2.3厘米,正面隶书"大历元宝"四字旋读。与此同时,郭昕一直想办法与唐王朝取得联系,终于在坚守二十多年后(公元781年),他派人万里迢迢,绕道回鹘到了长安与唐王朝联系上了。朝廷非常惊喜地发现了西域二镇(安西、北庭)仍然在唐朝留守的部队手中,皇帝唐德宗李适大加奖赏。《资治通鉴》记载唐德宗建中二年:"北庭、安西自吐蕃陷河、陇,隔绝不通,伊西、北庭节度使李元忠、四镇留后郭昕帅将士闭境拒守,数遣使奉表,皆不达,声问绝者十余年。至是,遣使间道历诸胡自回纥中来,上嘉之。秋,七月,戊午朔,加元忠北庭大都护,赐爵宁塞郡王;以昕为安西大都护、四镇节度使,赐爵武威郡王;将士皆迁七资。"而郭昕得知德宗已继位,改年号为建中,便开始在西域改铸钱币"建中通宝",与中原保持一致。为了节约成本和时间,他又铸造了一些别品"中"字钱、"元"字钱,即只在钱币上铸有"中"或"元"字。虽然整个钱币的铸造技术不高,甚至有些粗劣,但是在外部战争不断的形势下,大家能团结一心,坚守国土,完全依靠自己的力量保持了当地的社会秩序稳定,让商品货币经济照常进行,实属不易。

直到贞元八年(公元792年),西域二镇才被吐蕃攻占。愿得此身长报国,何须生入玉门关,但历史上却没有留下郭昕等人的下落的信息。

1992年刚开春,在新疆库车县附近的新和县通古斯巴什唐代故城遗址,一次出土了3000多枚的"大历元宝""建中通宝",这又一次向我们掀开了这尘封已久的安西守军奋力保家园的那段历史(图3-16、图3-17、图3-18)。

图3-16 大历元宝

图3-17 建中通宝

图3-18 中字钱

第四节 钱币的新气象

在经历了700多年的东方钱币文化体系的影响后,10世纪下半叶西域本地铸造的钱币出现了新的特点。再一次使用西方的打压制法铸造钱币,圆形无孔。这些钱币用阿拉伯文,并在铭文中将伊斯兰《古兰经》中的颂词用语来标注钱文,无任何多余的图案。钱币的材质非常丰富,使用了金、银、铜等,为新疆的钱币史增添了一抹新的色彩。

一、最初的接受

回鹘向西迁徙,其中有一支投奔到了葛逻禄,出现了一个新的汗国——喀喇汗王朝。公元960年这一年对王朝非常重要,巴依塔什带领20万操着突厥语的游牧人开始接受伊斯兰教,并从此将其定为国教。大批的游牧民族慢慢转入了定居生活。在这个民族大融合的国度里,既有了操突厥语的部族,也有讲伊朗语的人们,还有阿拉伯人,大家经营着农业、畜牧业、渔猎业、手工业以及王朝最为看重的商业。他们的商队多以朝贡的名义奔赴宋朝,运进宋朝境内的珠玉、乳香、龙盐、木香、金星石,等等,其中许多还是来自印度、西亚、北非,自然他们也要带回宋朝的丝织品、茶叶等。同时他们与辽朝也保持着贸易的往来,并频繁朝贡,从而加速了王朝的经济发展。这样,宋朝、哥疾宁王朝、塞尔柱王朝的钱币在此地大量流通。当然,这其中还有10世纪喀喇汗朝铸造的钱币——"喀喇汗钱币",它们大小不等,边缘很不规整,而且还受了宋朝的多种书法的影响,使用阿拉伯文的科斐体(一种书法)来书写钱文,棱角分明,安稳周正,苍劲挺拔。其内容为伊斯兰的经文和汗王的名称、制作地点以及纪年。这种钱币中间无孔,采用了西方钱币打压的方法,成了最早具有伊斯兰风格的钱币(图3-19)。

图3-19 桃花石汗铜钱

二、金、银、铜并存

察合台是成吉思汗的次子,按照蒙古人的风俗,儿子成年之后,除了幼子继承父业以外,其他的儿子都要从父亲那里获得一部分财产,蒙古叫"忽必"。察合台就有了自己的一份"忽必",就在现在的天山地区,后来发展为察合台汗国。这一段时期也是西域历史上的重要转折期,蒙古贵族开始由游牧的生活走向了定居,而伊斯兰教开始向东传播,蒙古人开始皈依伊斯兰教。其钱币发展也进入了新的时代,无论从钱币的数量和质量,还是流通的范围和作用都达到了高峰。这些钱币采用金、银、铜铸造,尤其是部分金币,钱文字体美观,打压工艺精致,含金量高达60%~70%。但实际上银币是察合台钱币的主体,为当时主要流通货币,因为当时中原是银本位的货币制度。其中大块的银称为迪纳尔,小块的称迪尔罕(姆),一般一个迪纳尔值六个迪尔罕。但与喀喇汗朝钱币不同的是,察合台钱币很少有统治者的王名(图3-20、图3-21)。金、银、铜币在一个汗国辖境大量出土,这在当地历史上是空前的,汉唐时期有拜占庭金币、波斯银币,都是外国传入非本地制造,可以看出当时西域已有完备的货币制度体系,对研究当时丝绸之路交通贸易与新疆地区社会经济的发展很有意义。1987年在博乐市东南27公里处达勒特古城附近,乌兰哈托村农民在地下80厘米处发现的古墓葬中,作为随葬品的35枚金币,字体、形制、重量、大小厚薄都有区别,版式复杂,钱币正反面均有铭文,使用阿拉伯文科斐体,但部分钱币还使用了回鹘文和八思巴文字,可以看出各民族之间文化交流频繁。察合台钱币出土的地点多,遍布天山南北,和田、库车、库尔勒、吐鲁番、木垒、奇台、阜康、昌吉、博乐、霍城,而且主要以天山北麓从东到西最为显著,与察合台汗国统治中心在伊犁地区有关,其钱币均在新疆境内打制,主要在新疆流通。

图3-20 察合台金币正面与背面

第三章 中西交融 神秘文字

图3-21 察合台银币正面与背面

三、钱币铸造的低潮期

集音乐、舞蹈、诗歌于一体的《十二木卡姆》——世界非物质文化遗产,它追求光明与幸福,节奏欢快,场面热烈,是叶尔羌汗国文化中的一大成就。16世纪初,叶尔羌汗国从东察合台汗国基础上发展起来,社会相对稳定,经济也恢复了,文化艺术得到了极大的发展。但是其钱币的打制却非常粗糙,铭文不全或是非常不清楚,好像与社会的发展很不协调,钱币上也没有经常出现的伊斯兰教的经典颂词和纪年,形制不仅仅是圆形还有长方形,很不规整。而且目前只发现了铜币,数量也比较少,成了钱币爱好者的一个心头之憾(图3-22)。

图3-22 叶尔羌钱币

第五节 桃仁形普尔钱

新疆红钱前世：一头微尖，一头椭圆，厚厚的，如一个小桃仁，像个饰件，但又无孔，上面还有像画一样的文字，这时会有人猜到它会是钱币吗？对，这就是著名新疆红钱的前身——"准噶尔普尔钱"（图3-23），打破了世界各地以圆形为主的传统，设计出酷似桃仁形状的钱币。它仅有1.8厘米长，宽有1.5厘米，厚竟有0.4厘米，比一般的钱币厚了将近4倍左右，一般为6.3~8.2克左右，因此非常有质感。钱币一面用"帕尔西字"（即察合台文）铸"叶尔奇木"（叶尔羌的另一种译音）地名，另一面用托忒文（即厄鲁特蒙古文）铸"策妄阿喇布坦汗"或"噶尔丹策零汗"之名。普尔钱采用当地的红铜打压制成，也为后来的新疆红钱打下了重要的基础。

图3-23 普尔钱

维吾尔人善于经商，各城均有贸易集市，称为"巴栅尔"。并每七日为固定的交易日，四方的货物在此云集，犹如一个巨大的商场，当然叶尔羌是最大的贸易中心了。除此之外，维吾尔商队还与中亚、中原保持着密切的贸易联系，其中河西肃州成为他们的长期聚居贸易点。出于交易的需要，康熙三十九年（公元1700年），准噶尔新任汗王策妄阿喇布坦重新征服了叶尔羌汗国后，开始在叶尔羌城（今莎车）铸造自己的金属钱币，即"普尔"。其银币称为"腾格"或"天罡"，其使用的方法是1文铜币为1普尔,50文普尔为1腾格,清代的时候1腾格值1两银。

准噶尔普尔钱首先是在钱币上使用了托忒蒙古文,后改用察合台文拼写。钱币的背面写明了制造的地方,即"叶尔奇木"(叶尔羌)。在清政府统一新疆前,普尔钱一直是流通于天山南麓附近,叶尔羌(莎车)、喀什噶尔一带。乾隆二十一年(公元1756年)清政府平定了准噶尔贵族和大小和卓叛乱,乾隆二十四年(公元1759年)清定边将军兆惠在叶尔羌设钱炉,收毁普尔钱改制新钱。从此以后,天圆地方的钱币又重新开始在新疆流行了起来。

第六节 棉、毯、粮食——多彩的实物货币

美丽的贝壳曾经是人们最熟悉的充当钱币的实物,当金属钱币或是纸币成了交换的媒介后,大家可能会认为实物钱币退出了历史舞台。但其实,它一直在历史的长河中坚守着,有时甚至因为战乱还成了社会的重要钱币。

一、两汉的交易

在两千多年前两汉时,楼兰城的居民(今在若羌县以北,罗布泊的西北角)生活简单,工作非常认真。一些日常需要的商品不怎么用钱来买,多是直接以货易货。但是可以用来交换的货物可不是什么都能充当的,一些最实用或是价格比较高,好出手的货物,如粮食和丝绸就是他们的首选。

百姓用粮食可以买一些袋子、买布匹、买鞋子;而用丝绸可以去买菜、牛、谷物、种子等,再好些的丝织品就可以去买衣物等贵重的东西。市场也是以稀为贵,衣物和日用品是最贵的,丝绸布匹就次之,粮食会相对便宜些。"五铢"钱与这些"粮食""丝绸"的实物钱币可以互相通用,就看买的人有什么了,或是需要什么了。比如,买鞋可以用二斗米来换

或是直接掏钱去买。商品的买卖也要看质量、市场的变化随行就市,麦子一斗可以合六十钱,而米要复杂些了,一斗从105到143分6个等级。老百姓就在这自由、随意的市场中买卖商品。

二、王念这个商人

4世纪,在高昌的交易市场上,活跃着一个叫王念的商人,他生意涉猎广泛,既买卖奴婢,又参与牲畜的交易。即使朝代风云变幻,高昌郡从原来属于前凉到后归属于前秦,也丝毫不会影响到他的买卖,他一如既往地做着自己的小本生意。他非常谨慎,也很有法律观念,做了什么买卖,有了什么约定,他都要自己记下来,或是签订契约,从无缺一。

前凉升平十一年(公元367年)四月十五日,他终于完成了沟通好长时间的一笔生意,心情非常好。他很早就看上朱越家的一匹骆驼,一直想买过来,但和朱越来来回回协商了好几回,朱越都不肯,一直不满意价格。没办法,只有他让步了,这天准备拿身边的一匹骆驼和朱越交换。朱越看他十分诚心,又各取所需,就答应了。但王念依然不忘签个契约,声明如果谁要是反悔,就要用当地的"毯"作为罚金,支付10张(图3-24)。时间慢慢地流逝着,王念的生意越做越好。前秦建元十三年(公元377年)七月,他又成功地把一个8岁的小幼婢卖给了赵伯龙(当时买卖奴隶是合法生意),对方出价是7张经纬疏密均匀的红色毯,基本符合了市场的价值,王念很快完成了交易。按惯例,他请了一个在场的证明人,签订了一份契约。约定如有以后发现小婢已经是有主的人了,或是双方一方出现了反悔,都要加倍受罚,罚款也用织毯来支付,当然就为14张了,直接给没有过错的一方。其实在公元3~4世纪时期,塔里木盆地的货物中介依然是以丝绸、粮食为主,当然还有前面说的"毯",官方买卖一些好绢或是丝织品也是用毯到市场上买,当然实物钱币利用也是非常广泛的。

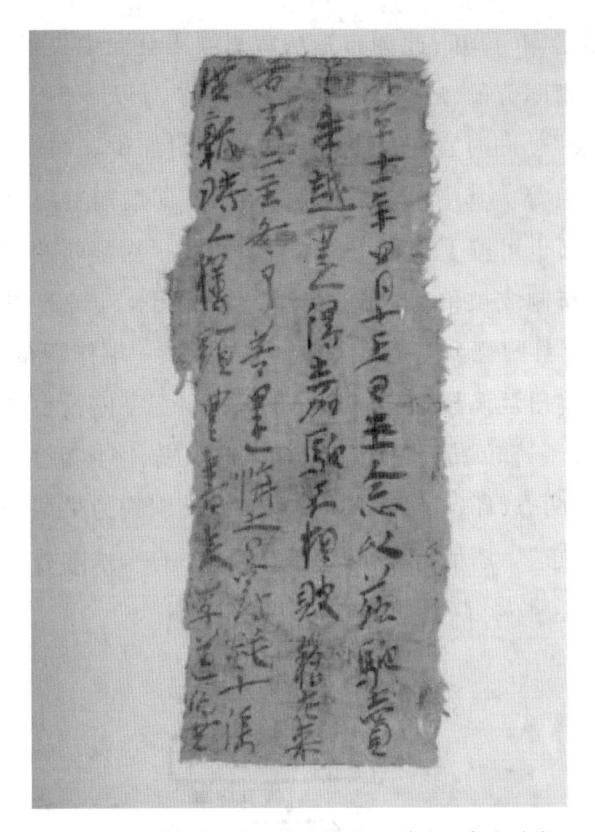

图3-24 西凉升平十一年(公元367年)王念卖驼券

三、税费缴纳

唐朝开始兴盛时,高祖为了适应经济形势的需要,颁布新的赋税制度,人称租庸调法(图3-25),规定可以用粮食、绢布缴纳各种杂税。如租可用谷物缴纳,每丁(成年人)每年交租粟两石;调(税收)"调则随乡土所产",在丝绸之乡的四川每年可交纳绫、绢、䌷各二丈,而盛产布的江南,则"布加五分之一",西州吐鲁番地区调、庸自然征收是棉布。在吐鲁番阿斯塔纳出土唐宣州溧阳县调布,其幅宽52.5厘米,长115厘米,为麻制,右端墨迹楷书"宣州溧阳县"及草书"超""定中"数字。背面左上角见"宗慎"二字,布上钤朱色篆文印鉴五方,押于题款上三方,一是阳文篆书"宣州之印",正方形,每边5.5厘米,又一为阳文"溧阳县之印",下方印阴文,文字不清。从布上书写的"宣州溧阳县"和"宣州之

- 71 -

印""溧阳县之印"可知,此调布是从宜州溧阳县向中央报请验的麻布(图3-26)。庸即劳役,成年丁壮每年要服役二十天,如不能服役,则收其"每日三尺"。同时官衙还喜欢征收许多附加税。如脚钱、营窖、税草、加耗、裹束等。其中"脚钱"为运脚费用,即运输费用,用布匹来核算,按户配脚,也可按丁支脚。在吐鲁番出土了唐婺州兰溪县脚布(图3-27),为麻布制成被单,平纹。布幅宽55.5厘米,长209厘米、墨书题款:"婺州兰溪县归德乡□招里吴德吴护两人共一端作脚布鲍良侑",题款成一行,"婺州兰溪县"字体稍大,乡里人名字字体较小。"鲍良侑"签署书体较大,墨迹较浓。题记左侧有墨迹浓黑,字体粗大"于向"字签署,并见墨印两方,印文不清。从中可知此件织物为吴德、吴护两人合脚一端的"脚布"。唐代有一个规定,"凡天下舟车水陆载运,皆具为脚值,轻重、贵贱、平易、险涩而为之制"。

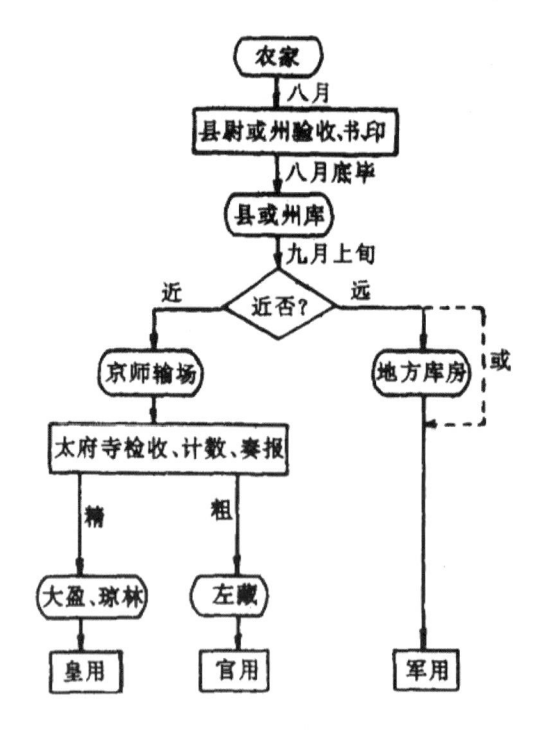

图3-25 纳租庸调的程序

第三章 中西交融 神秘文字 ◆

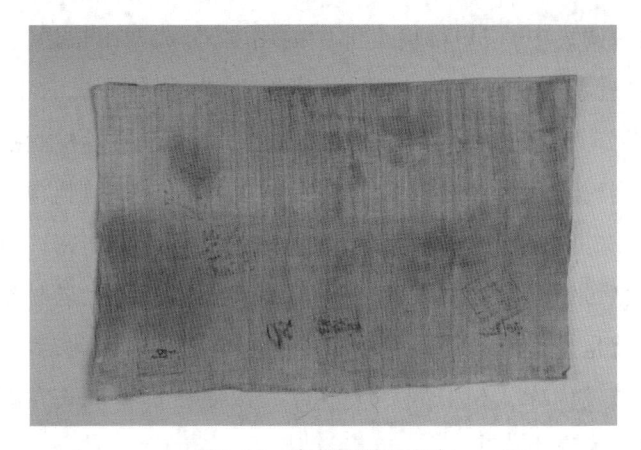

图3-26 宜州溧阳县调布

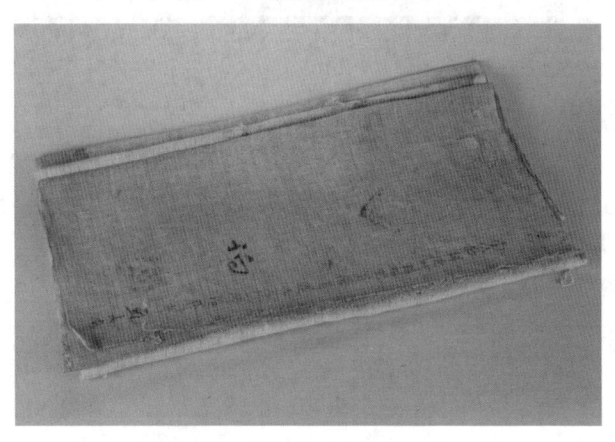

图3-27 唐婺州兰溪县脚布

这个制度一直沿用到安史之乱。一般庸调丝绸交纳的时间均在每年秋天，唐政府规定"凡庸调之物，仲秋而敛之，季秋发于州"，即"每年八月上旬起输，三十日完毕，九月上旬各发本州"。在吐鲁番出土的白绢右端有墨书题款"先天二年（公元713年）八月，并钤朱色篆印一方"（图3-28），可以看出当时庸调绢的缴纳时间为每年八月。同时县、州征收庸调绢布是有严格流程的。首先由县尉根据户籍"收率课调"，确定收缴比率，再检验锦布，并在其上书写标记或盖印为证。如在吐鲁番出土的折调细绫上就有墨书题记："景云元年折调细绫一匹 双流县 以同官主，火愉"；另一绢上也有钤章"益州都督府之印"。随后各州县将收

— 73 —

纳合格的庸调集中,按户部度支郎中的调度,分成两组输送,"凡物之精者,与地之近者,以供御;物之固者与地之远者,以供军",并在京师设有输场,凡发到京师的庸调必须要经过尺度、重量等质量检验后,收藏于左藏库。当时左藏库主要存放庸调等纳物,而右藏库则收藏全国各地所献金玉、珠贝、好玩的各种宝货,左藏库的管理十分严密。"凡出给,先勘木契,然后录其名数,清人姓名,署印送监门,乃听出,若外给者,以墨印印之",就是皇帝本人需要丝绢布等支度也困难。因此,到了玄宗时,便在宫内增设内库,又称琼林、大盈库。以便在货物未入左藏前,皇帝先挑选精品进行收藏。

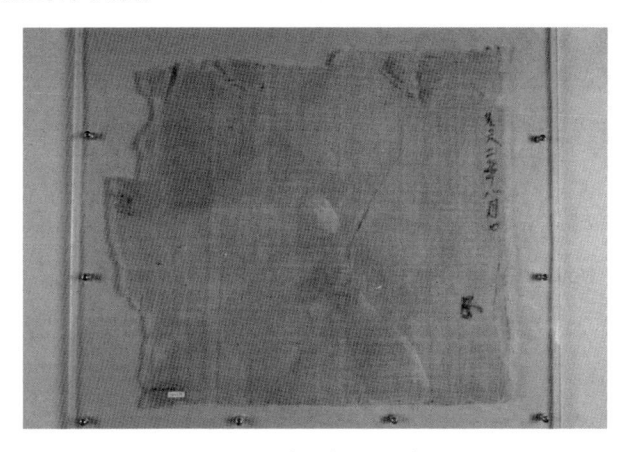

图 3-28　先天二年(公元 713 年)八月绢

粮食、绢布不仅视同为货币纳租税,同时还更具有实用性。可食用,保暖,对于普通农民生活来说粮食、绢帛远比货币更具有价值。事实上官府也喜欢征收粮食、绢帛,皇家可以直接使用,也便于赏赐官员。最为重要的一点是粮食和绢帛还具有保值、增值的功能。在初唐时,每匹绢价平均为 1 斗粮食;到盛唐时,每匹绢价可以达到 10 斗至 100 斗之间,折合钱币约 200 文。安史之乱到两税法之前,每匹绢价高达 4000 文左右,粮单价为 1000 文。到了两税法时,官方开始以税钱为主,农民交税是必须把绢布卖出,然后才能换成钱币交税,因此绢价下跌,每匹值 1000 文左右。

四、受到法律的保护

"绫罗绢布杂货等交易,皆合通用,如闻市肆必须见钱,深非道理。自今以后,与钱货兼用,违者准法罪之"。开元二十年(公元732年)政府正式以公文的形式向民众公示,高昌地区绢、棉布可以直接视同钱币,自此实物钱币有了法律的保护。

当然还有细则:首先规定当地的"细缞"(又称"叠布"即当地产的棉布)的价值,细缞一尺,上等的值钱45文,稍微次一些的为44文,最下等为43文。按其一匹即长11.6米宽为0.29米换算,细缞,上等布一匹价为1800文,中等布一匹价1760文,下等布一匹价1720文。而当时正九品的官员俸禄为米57石,钱为1300文,还不够买一匹下等布。其次,细则还规定了白面的价格;白面1斗,好的为38文,一般的为37文,下等为36文。这样,一石(10斗,约合今40公斤)中等面粉值370文。而5石上等面粉(194公斤)只能买一匹上等的细缞。

当然这些价格在一段时间内是要随着市场的变化进行调整的。但历来棉布价格是非常高的,甚至高于一般的丝绸和麻布。因此,大家也希望用缞花(棉花)来偿还借的钱,但月利率高得离谱,可以高达25%左右。

这件事就发生在宋悉感的身上了。唐景龙二年(公元708年)四月十七日,家住交河县安乐城的宋悉感急等着钱用,无奈只能向同城的富豪成义感借铜钱320文。可是借得快,也意味着高额的代价。二人商定到八月三十日内,其中64文要用缞花20斤偿还。当时上等缞花1斤市价7文,也就表示,短短4个月利息就要76文,利率100%。如果不是急等着钱用,宋悉感绝不会向他借钱的。无奈之下,只能同意了,还签字画押了(图3-29)。

图3-29　唐景龙二年(公元708年)西州交河县安乐城宋悉感举钱契

五、"衣物疏"中的财富

高昌时期,在吐鲁番地区,死者入葬时,子嗣都要准备一份纸质的"随葬衣物疏",罗列为死者准备的进入冥世后使用的所有物品,让他们到另一个世界也能生活无忧,不会"匮乏"。"逝者如生"展现人民的愿望以及对美好生活的追求。"随葬衣物疏"一般从各种锦布衣物,到黄金、白银、钱币,把死者生前生活中所需一切都准备好。如高昌王国"高昌章和十三年(公元543年)孝姿随葬衣物疏",其疏文如下。

故树叶锦面衣一枚,故绣罗当一枚,故锦襦一枚,领带具。故锦褶一枚,领带具。故绯绫襦二枚,领带具。故紫绫褶二枚,领带(具)。故绯绫袄三枚,领带具。故白绫大衫一枚,领带具。故白绫少衫一枚,领带具。故黄绫裙一枚,攀带具。故绫裙一枚,攀带具。故合蠡文锦袴一枚,攀带具。故白绫中衣一枚,攀带具。故脚靡一枚,故绣靴二枚,故树叶锦丑衣二枚,故金银钏二枚,故金银指环六枚,故挏扮耳抱二枚,故绫被褥四枚,故绯红锦鸡鸣枕一枚,故波斯锦十张,故魏锦十匹,故合蠢大绫十匹,故石柱小绫十匹,故白绢四十匹,故金钱百枚,故银钱百枚,故布叠二百匹,故手把二枚,攀天系万万九千丈。章和十三年水亥岁正月任(壬)戌朔,十三日甲戌,比丘果愿敬移五道大神,佛弟子孝姿持佛五戒,专修十善,以此月六日物故。迳涉五道,任意所过,右上件悉是平生所用之物。时人张坚固、季定度。若欲求海东头,若欲觅海西辟(壁),不得奄遏停留。急急如律令。[①]

这位孝姿身后准备财富真是非常丰盛,有锦、绣罗、绫、绢、叠、金银等各种随葬品,光"故布叠二百匹"。在其他一些"衣物疏"还见到"叠千五百匹""叠两匹七万""细布百匹""缧叠百匹""备布、行布、叠各一千匹""白叠三百匹"等,数量非常巨大。但其实与现实相差甚远,墓葬并没有出土这些,真正的随葬都不会按"衣物疏"所列的清单,一一将财物置于墓冢中,只是用一些象征性物品充数,如用一些碎绸片来表示锦绸百千匹,一些葫芦片可能就代表金银万千。罗列如此多的随葬品只是表现人们在现实生活中的追求,愿望。但还是可以看出当时以吐鲁番盆地为中心的高昌社会中"叠布"的产量已达到相当高的水平。

其实绝大多数的"衣物疏"中多用"帛丝绢百匹""杂色(帛)百千匹""丝百斤,黄金百斤,银百斤""帛万匹"这些实物来展现墓主人的财富,充当货币职能,反而铜钱、银钱、金钱却多不见于记载。在4、5世纪,高昌并没有以钱为货币的状态。直到7世纪,买卖、借贷、租赁、雇佣等经济活动,都是以锦、粮食、绢、布、丝来执行货币流通、支付职能,充当价值尺度(图3-30)。

[①]国家文物局古文献研究室. 吐鲁番出土文书 第二册[M]. 北京:文物出版社,1981.

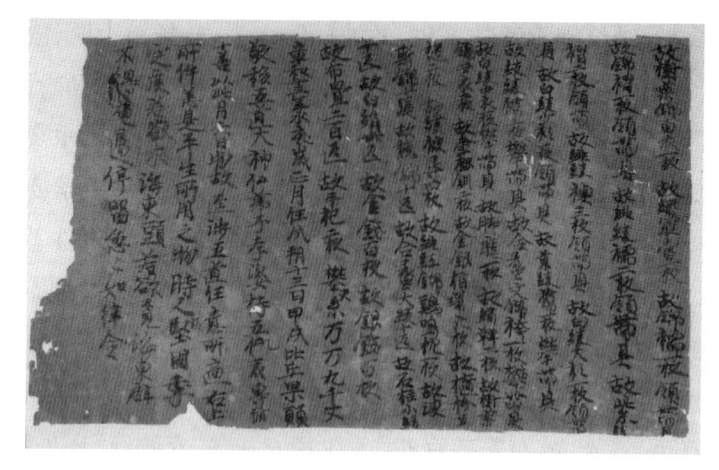

图3-30　高昌章和十三年(公元543年)孝姿随葬衣物疏

六、毯、叠布

毯在前凉、后凉、西凉、北凉沮渠氏、阚氏这百余年间,充分具备了货币的功能,作为交换手段不断地出现在官府的文件中。官府的收入中有毯,百姓也可以用毯作为支付手段向官府交纳。毯可以买骆驼、买绢,租赁桑叶,用于追捕逃奴,悬赏奖励。当时毯是以"张"来支付的。毯的规格为长八尺至九尺五寸之间,宽四尺至四尺五寸之间,与锦的尺寸差不多。文书"北凉承平五年(公元447年)道人法安弟阿奴举锦券"(图3-31),记载锦一张为长九(尺)五寸,广四尺五寸,"义熙五年(公元409年)道人弘度举锦券"(图3-32),记载锦半张"长四尺,广四尺"。在公元482年以后,由于高昌地区棉花种植面积扩大、纺织水平提高,叠布产量增加,毯逐渐销声匿迹,被众多的绢锦叠布之类所取代,一直延续到麹氏高昌时期。叠布即为棉麻混织物,其中行布、八纵布者,是棉布中较为精良品种。行布为"世行布叠"的简称,即在市场中可以行用。八纵布是以纺织经纬线之多少不同而命名。叠布不仅具有本身的使用价值,同时可以买肉,买卖土地等。当时偿还借款市场也愿意使用棉花、粮食等,唐景龙二年(公元708年)西州交河县安乐城宋悉感举钱契,借铜钱320文,其中64文偿还用缊花20斤,64文用乌麻9斗,196文(应是192文)用粟10.8斛来进行支付。

图3-31　北凉承平五年（公元447年）道人法安弟阿奴举锦券

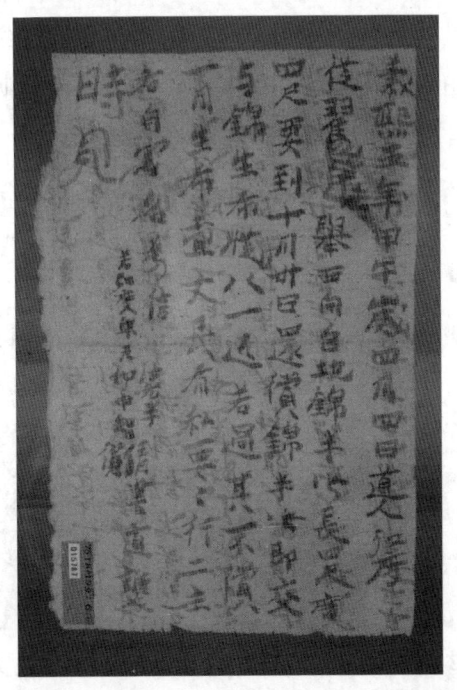

图3-32　义熙五年（公元409年）道人弘度举锦券

七、丝路上"绢练"

唐代时,在西域地区流通三种货币:一种为银币,发现有波斯银币;一种为铜币,出土了开元通宝、乾元重宝,以及粟特铜币;但使用最频繁的"货币"当为丝织品,其中绢练为主要的品种,一般生丝称为"素",而熟丝即为"练"。

绢练使用范围是非常广泛的,可以用于普通交易买卖。开元年间,买卖牲口就使用练和生绢支付,一般马价为练15匹左右,较次的也需要练10匹左右。而牛和驼的价格需要根据品种不同则有区别,如黄敦驼为练14匹(图3-33);波斯敦父驼(次上)需要大练33匹、(次之)为大练30匹;(下之)也要大练27匹;草驼(次上)需大练30匹;而耕牛只需生绢1匹。同时用练还可以买卖奴婢,在唐代西域地区,买卖奴婢是合法生意,而且买卖十分兴隆。左憧憙买奴,花了水练6匹,外加银钱5文(图3-34)。最贵的要数唐益谦买婢失满儿,花了整整40匹大练。同时绢练还可以为驻军购买粮食、草料、纺织品、死马肉(图3-35)。一般官马在使用期间死亡,其皮肉往往就地出卖,收入归官。绢练除了买卖,还用作雇佣支付,佃田租价、画师工价、官府和籴、官府付脚价,甚至还能充当聘礼,用于定亲,雷陇贵"时用绢五匹将充聘财"。

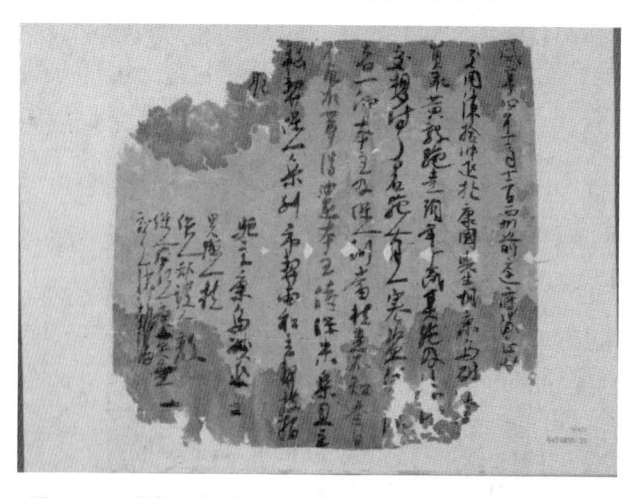

图3-33 咸亨四年(公元673年)西州前庭府杜队正买驼契

第三章 中西交融 神秘文字

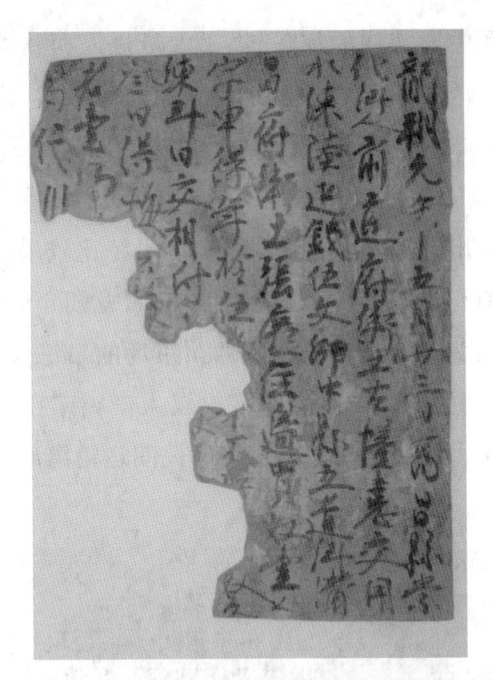

图3-34 唐龙朔元年（公元661年）左憧熹买奴券

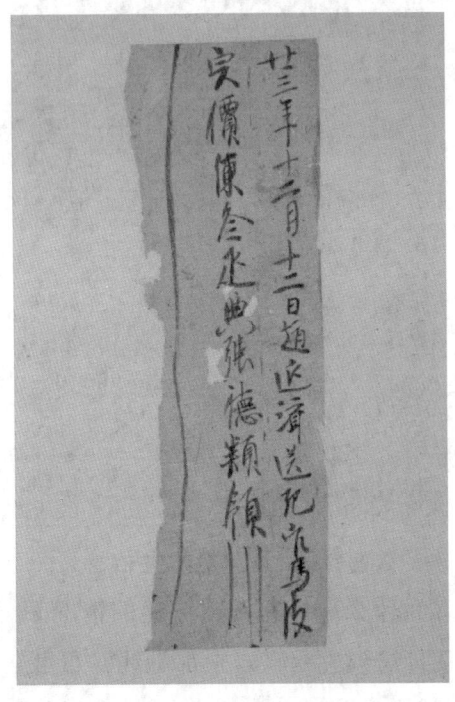

图3-35 贞观二十三年（公元649年）赵延济送死官马皮肉价练抄

随着西州和中原交往的加强,绢帛大量进入西州地区。以官方方面而言,往往有"送帛练使"之名目。唐高宗总章二年(公元669年)沙洲传马坊文书中有"送帛练使司马杜雄",他从沙洲把帛练运往伊州,动用了传马传驴39匹(头);运往庭州,动用了传马27匹,传驴53头,虽然杜雄送帛练未至西州,但依推断,运往西州的帛练比较多,唐永淳、垂拱年间,西州就有"前往帛练使王伯威"(图3-36),龙朔年间(公元661—663年),民间也雇人为官方运送帛练。西州市场的帛练应该很多,除了官方运送帛练,民间运销也不少。高宗时汉人李绍谨在弓月城向胡商曹禄山兄借绢练竟达275匹,可以看出当时民间运销绢帛至西州诸地赚取厚利的很多。

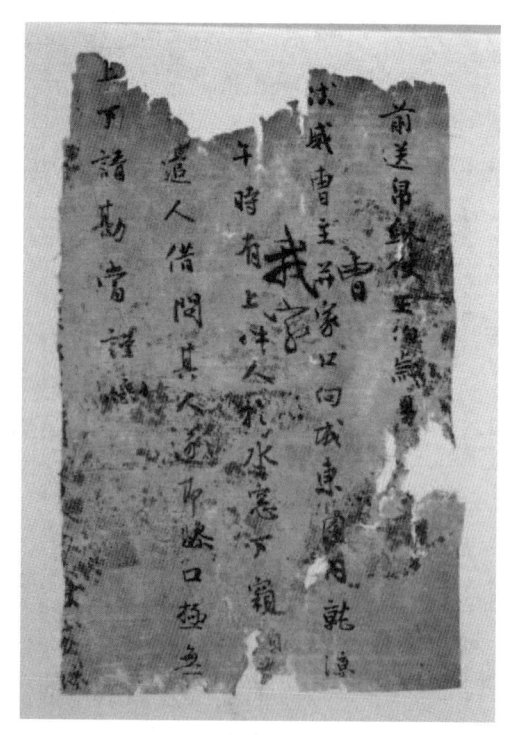

图3-36 前往帛练使王伯威

大家可能疑惑为什么唐代在钱币流通的情况下,还要用绢练来充当货币使用。而且自汉到唐一直以来都是钱谷布帛杂用的时期。魏晋时,货币还逐步向钱帛兼行推移。唐代时,绢帛的货币作用越来越大。

其实这与绢练本身具有较高的价值、自身的轻便有很大的关系,同时当时丝织品比铜钱更具较高的信誉。

在进行大宗交易时,如买卖奴婢、牲口中,需支付大笔款项,使用绢练更为方便。武周如意元年,一匹练可以兑换银10文,兑换铜钱320文,银钱居中间。到了天宝年间,一匹练甚至可以兑换460文铜钱。如支付奴婢失满儿的费用,只需付练40匹就可以了,但支付铜钱却需要12800文。如与现在的纸币相比较来看,练就如同现在100元的纸币,银币则为10元纸币,铜钱差不多相当于2～3角,铜钱是最小的单位。因此在进行100元的交易时,肯定是支付一张100元方便,而不会支付500张2角的纸币。同时练与金属货币可以组合支付,左憧熹买奴时就支付水练6匹再加银钱五文,这样组合支付肯定是最为便利的。因此可以看出铜钱确不如绢练方便,尤其是在远途跋涉之中,按相关史籍的记载,开元通宝十文重一两,一文重二铢四累,合4.175克,若要达到一匹绢练的价值则需重1.92公斤,而一匹绢重11两,合459.25克,仅占同样价值的铜钱重23.9%,可见在大宗交易中,丝织品要比铜钱支付更为方便,当然练重仅为绢的75%,所以用练自然会更多。

另一方面银币本地并不制造,使用起来也受到限制。而当地丝织品比铜钱更具较高的信誉,铜币自武周到天宝半个世纪中,贬值率达到43%。对于从事贸易的商人们来说,显然不希望以铜币为主要的贮存形式,左憧熹作为一名高利贷者贮存的应该只会是练、银币和粮食,一般不留铜币。由此可见,铜币在当时称不上是硬通货,只能用于小买卖。相对来说,绢练对于中西来说具有公认的价值,具有较高的信誉,它与银币有着稳定的兑换比率,在丝路沿途的旅行中到处可以用。同时在西域丝绸通商时,铜钱一旦超越了一定的区域则变得无用,只有丝绸,不管到了哪里,其不仅可以出售,还是大家公认可以交换的商品。因此唐代大量丝织品在丝绸之路当作主要货币是必然的趋势。除部分高档、特殊丝绸外,大量的绢练乃是作为货币流通而输向各地的。

同时唐代国家赋税主要征收实物,即使在两税法时仍是货重钱轻,仍计钱而输绢帛。表现国库盈溢的是粮仓和左藏库的绢帛。天宝时政府每年收入绢740万匹,布1035万端[①],当时绢价550文/匹,即约四十亿铜钱,而且还有300万石粟的收入被折成绢布添入两京库。而钱的收入只有200万贯左右,其中140万要用于诸道官课料及市驿马,60万要用于填充诸军州和籴军粮。

八、耐用的钱币

粗棉布,西域叫"Kamdu",《宋史·龟兹传》所说的"花蕊布"。只要其上盖有回鹘汗王的印章,就直接作为钱币使用。当然大小也是有一定规定的,要长四挡子(挡子旧时用的长度单位,合0.71米),宽一拃(20厘米左右)为一块标准。如果脏了、旧了,没关系,七年可以洗一次,"重盖新印",这样又便于携带,而且还结实耐用,成本极低。当时一个女人就只值150块这样的棉布,可见女人卑微的地位。粗棉布在民间长期使用,据《梁书·高昌传》记载,高昌"多草木,草实如茧,茧中丝如细纑,名为白叠子,国人多取织以为布,布甚软白,交市用焉"。吐鲁番在南北朝时期种植棉业已经相当发达了,当时吐鲁番的棉布生产除了自己使用外还用于交换。实物钱币一直就这样伴随在老百姓的日常生活中,就同交换网络的平台一样,无处不在。

钱币的变化,就如新疆历史的一面面镜子。汉文化的传承,西方文明的借鉴,现已遗失文字的使用,这一切形成了别具风格的新疆货币,让今天的我们可以细细品味。

---

① 杜佑. 通典卷六 食货典·赋税[M]. 北京:中华书局,1988.

第四章 红制并行 元角开端

铜币粗犷的形态流露质朴、热辣苍劲、刚劲有力之美,如一首首边塞诗篇。而因其铸钱局之多,版式之繁,铸量之少,以及红钱、制钱并用等特点,使新疆这个西北边陲的地方成就了中国钱币之奇,成了钱币收藏家的乐园。

第一节 稳固新疆话红制

一、一份奏折

乾隆二十四年(公元1759年)七月的一天,皇帝如往常一样,在养心殿看着内阁大臣送来的奏折,其中一份奏折引起了皇帝的深思,"回部钱文,应行改铸。查回钱俱红铜鼓铸,计重二钱,一面铸准噶尔台吉之名,一面铸回字。因所产铜少,每以新钱一文,易旧钱二文,销毁更铸。今虽未便全收改钱另铸。或照内地制钱,每一文重一钱二分,或即照回钱体质,一面铸乾隆通宝汉字,一面铸叶尔羌清文及回字,并呈样请旨酌定"(回钱即"准噶尔普尔")。这是负责新疆工作的定边大将军兆惠(图4-1)上书的,内容有关新疆钱币制度的改革。清朝刚统一了新疆,这可是乾隆爷的一件大事了。这高兴劲还没有过呢,贸易、征税、发饷、征兵等都要提上日程了,烦心的事真是不少呢!这不是就收到了兆惠的奏折了吗?货币制度如何确定可是关系到新疆经济发展的大事,必须要慎重,乾隆帝对这点非常清楚。最后平定新疆的收功之人兆惠将军自然心里明白,他经过认真调查研究,结合南北疆各地的不同经济状

图4-1　兆惠(1708—1764年)像(清咸丰年间宫廷沈贞摹本,藏故宫博物院)

况和百姓用钱的习惯,最终提出这两套新疆钱币改铸的方案:一是"照内地制钱"铸造;二是对现在使用的"准噶尔普尔"直接改造,铸造一种符合民众习俗的"新普尔",如何选择?这是皇帝来定夺的。但兆惠把第二套新铸钱的钱文式样同时递给了皇上,可以看出他的用意。乾隆帝当然明白,经过了再三考虑,最终还是选择了兆惠将军推荐的新铸币,这样既能尊重南疆使用普尔钱的习惯,又可以保持与清王朝的钱币的统一。同时乾隆帝还增加了一些要求,包括新疆新铸币应采用内地各省通用的圆形方孔的制钱式样,正面用汉文铸"乾隆通宝"四字,背面用满文及回字(即察合台文)标注地名字样。他同时将兆惠所呈新疆钱文式样,交给了宝源局,要求铸造200枚,作为样钱,发往新疆。自此"方孔圆形"的货币形制在近800多年后又重新回到了新疆历史的舞台上。

二、"红润"的铜币

兆惠将军看到了最后的批复,心里下定决心一定要将此项工作干好。随后第二年就开始在叶尔羌设局铸造"乾隆通宝"。由于原来一直长时间采用西方的打压技法,当地无人会铸造新钱。乾隆帝遂命陕西巡抚从宝陕局抽派技工到叶尔羌作技术指导。技工途经甘肃、哈密、吐鲁番等地,历时5个多月,于八月抵达叶尔羌。兆惠将军便要求在九月开炉铸钱,按照发来的样钱的标准,第一批新普尔钱——"乾隆通宝"正式面世了。

三种文字出现在同一种货币上在中国钱币史上是很少有的。每枚钱币重有二钱,比一钱二分的制钱要重,因此更为厚实些(图4-2、图4-3、图4-4)。虽然新钱币的铸造技术达标,但当地的生铜提炼技术不成熟,只能用土法,因此铜的含量高达90%以上,而且还没有掺加铅、锡等混合物。因此铸成的钱币色泽红润,后来大家都习惯称之为"新疆红钱",当地民众则称为"普尔"或"雅尔马克"。

图4-2 乾隆通宝(阿克苏局)正面与背面

图4-3 乾隆通宝(乌什局)正面与背面

图4-4 乾隆通宝(库车局)正面与背面

知识拓展：清政府在新疆南疆推行"红钱"制度

清政府统一新疆钱币制度时，推行了南疆"红钱"北疆"制钱"原因主要有四：一为南疆回民历来习用红钱，二为利于收缴、销毁当地的旧钱，顺利统一钱币制度，保持社会稳定，三是与清政府针对南疆沿用了伯克制的不同地区实行分区的管理制度相配合，四是尊重少数民族习惯"顺俗从宜，各因其便"。

三、地位独尊

大家都了解，一般"年号钱"会随着皇帝的不同或发生重大事件不断地变更。但"乾隆通宝"却在嘉庆、道光、咸丰、光绪年间一直都有铸造，有时连一些藏家都分不清楚部分"乾隆通宝"确切的铸造时间。为什么只有它能独享这一份特殊的荣耀呢？

平定北疆的准噶尔，南疆的大小和卓叛乱实现祖国统一，稳定新疆的政治局面，这可是乾隆最引为豪的十大武功之一。为了纪念其丰功伟绩，世代铭记，钱币应该是最为合适的载体了。于是乾隆明令子孙们，在乾隆朝以后"不便照内地钱文，随时改铸"，"永远恪遵，不必改毁另铸"，不随新皇帝的继位而改变。在嘉庆四年(公元1799年)户部就给阿克苏局发来"乾隆通宝"和"嘉庆通宝"的祖钱各一枚，并规定："自嘉庆五年为始，每年铸'乾隆通宝'二成，'嘉庆通宝'八成，分运南路各城"。嘉庆帝初立之时，由于乾隆仍然在世，故无改变铭文的举动，所以钱币面文为"乾隆通宝"。直到嘉庆四年(公元1799年)，乾隆皇帝逝世，因此才有前面这个规定,这样不仅体现了自己至高无上的地位,又兼顾了先皇遗制。故从嘉庆帝以后,历代皇帝都铸造一定比例的"乾隆通宝"和本朝通宝。当然乾隆美好的愿望随着他的驾崩,开始有所改变,嘉庆五年(公元1800年)开始铸造"嘉庆钱",为八成,而"乾隆通宝"为二成。光绪九年(公元1883年),阿克苏道署专办规定"其鼓铸钱文以四成铸'乾隆通宝',六成铸'光绪通宝',背面加'当十'二字"。清代新疆铸造"乾隆通宝"从而成为定例。

自此新疆七个铸造局中,六个都有"乾隆通宝"的身影。"乾隆通宝"有了最早的新疆红钱、最多的数量、最繁杂的版式等不同的"荣誉"。"乾隆通宝"在红钱中地位是无人能比,贵为独尊的(图4-5、图4-6、图4-7、图4-8、图4-9)。

图4-5 嘉庆通宝(阿克苏局)正面与背面

图4-6 道光通宝(库车局)正面与背面

图 4-7　咸丰通宝(库车局)正面与背面

图 4-8　同治通宝(库车局)正面与背面

图 4-9　光绪通宝(宝新局)正面与背面

四、制钱永相随

大家可不要误会,新疆的红钱可不是在全疆通用,它只能在南疆八城使用,而北疆地区以及吐鲁番、哈密使用钱币依然是制钱(清朝按其本朝定制由官炉所铸的铜钱)。但红钱还是比较值钱,在初期,红钱和制钱的比价为1∶10,到了光绪年间,比价变成了1∶5。而且只能在托克逊地区兑换,未经兑换的,一文红钱在北疆就只值一文钱币。

第四章 红制并行 元角开端

北疆使用的制钱，一开始全部依靠中原的流入。但新疆地域太广大了，政权稳定，经济发展，仅仅依赖内地制钱显然不能满足需求。这一直是乾隆帝的一块心病。乾隆三十九年（公元1774年），他传谕曾任伊犁将军的军机大臣舒赫德，考察是否能在伊犁设立铸钱局，并让现任伊犁将军的伊特图进行研究。终于在乾隆四十年（公元1775年）十月八日这天，黄道吉日，伊犁设立铸造局，并从伊勒图将军推荐的"宝惠""宝伊"中选中了"宝伊"作为铸局的名字。宝伊局完全按照内地的样式，开始铸造制钱。

钱币的正面用汉文铸年号，背面只用满文来记"宝伊"两字，完全与中原的制钱保持一致。选用的材质为铜七铅三，与内地制钱铜六铅四相比，含铜量更加高一些，因此钱币也略微泛红。宝伊局在91年间从不曾有过间断，期间也从未移往他地或是委托其他局替代铸造，或是替它局代铸，从而保持了制钱的统一性。虽说宝伊局的铸钱工艺不如内地钱局规整，但与南疆其他铸钱局的工艺粗糙，文字书写随意，大小轻重不一相比，还是新疆各铸局中工艺最好的，可以说"宝伊局"的钱币是清代新疆钱币品相中的楷模（图4-10）。

图4-10 乾隆通宝（宝伊局）正面与背面

知识拓展：清政府在新疆的北疆实行制钱

在北疆地区，许多游牧民族不太使用金属钱币，多采用实物钱币以"绢马交易"。同时大量的内地驻军、屯田、商人等惯用制钱，形成"制钱地带"。加之吐鲁番、哈密等东疆实行扎萨克民政制度，且是入疆的咽喉通道，与内地的关系极为密切。因而也同内地一样使用制钱。

制钱：清代按其本朝定制由官炉所铸的铜钱。

第二节 纷繁复杂的铸钱局

一、中国之最

新疆清代铸钱局之多可以堪称中国之最,当时北京才有"宝泉""宝源"两个铸造局,其他省的铸局也大多各只用一个。而新疆清代时期共出现了七个铸造局,南疆有5个:叶尔羌局、阿克苏局、乌什局、库车局、喀什噶尔局。北疆为2个:伊犁宝伊局、乌鲁木齐宝迪(宝新)局,这些铸钱局均以地名命名,造成了新疆钱币的版式之多,之复杂。但这些铸钱局铸额之少也为罕见,新疆7个铸钱局的总量还不及内地大省一年的所铸的数量,在嘉庆五年(公元1800年)宝伊局铸造的数量连内地其他铸局的一个零头都不到。因此数量稀少,新疆钱币一直是收藏者的至爱(图4-11)。

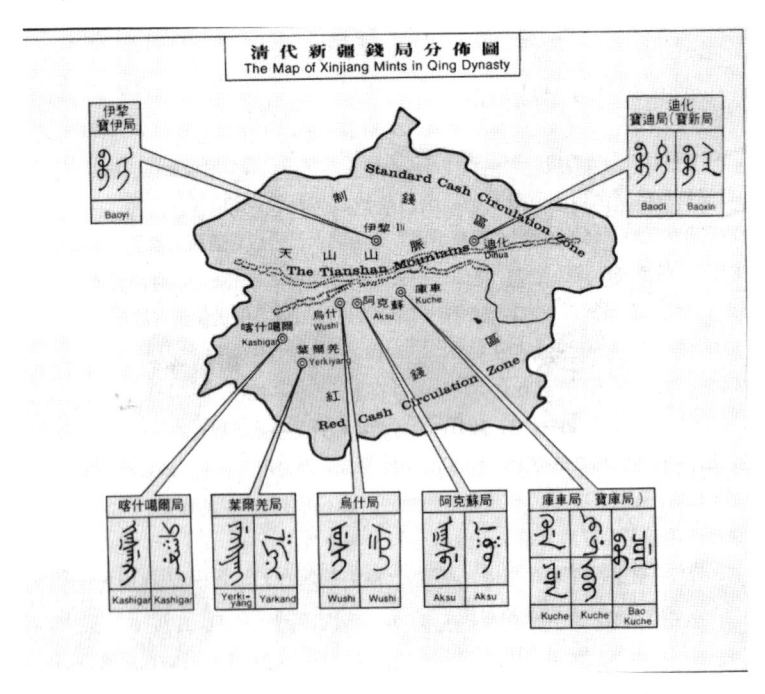

图4-11 清代新疆铸钱局分布示意图(引自《新疆钱币》)

第四章 红制并行 元角开端

二、首个铸钱局

乾隆二十五年(公元1760年),陕西巡抚关达善丰接到朝廷的命令,随即派汉中府同知坤豫从西安铸币局(即宝陕局)挑选8名匠人前往叶尔羌。让他们去协助新疆建立第一个铸钱局——叶尔羌局,同时将中原钱币的浇铸法带到新疆。为什么将铸造局选择在叶尔羌?那里距离中原遥远,而且也没有铜矿资源。但此地是古代的莎车国,旧普尔钱(准噶尔普尔)的铸地。清政府可以利用原有的设备铸造新钱,同时比较容易集中回收旧普尔,普及新的铸币。虽然没有铸币的资源,但依旧将铸造局设立到叶尔羌。三月中旬,八名匠人携带清政府发放的丰厚安家费、盘费、工食费以及铸钱所需的成套器具,每人两副,用车辆载送抵叶尔羌。历时近半年,八月辗转抵达叶尔羌。这批工匠和器具最后成为叶尔羌局开创时的技术骨干和基本设备,使得新疆地区失传已久的浇铸法又重新广泛使用。

叶尔羌局设有铸炉两座,工匠99人,其中汉族、维吾尔族的匠人均有,一改过去的打压法铸币形式,按照户部发放样钱铸造新钱。圆形方孔,正面铸汉文"乾隆通宝",背以满、维两种文字铸地名。但是穿右的老维吾文(察合台文)汉文音译为"叶尔羌",穿左满文当时错译为"叶尔奇木"。乾隆二十六年(公元1761年)八月时,户部另颁新的样钱,改背面满文"叶尔奇木"为"叶尔羌"。叶尔羌局铸造新钱,钱体厚实,铜质纯净,色泽滋润,因此又称为"新疆红钱"。其币材来源:一是用了清军军营准备用来铸炮之铜七千余斤;二是销熔所回收的旧普尔,用于铸新钱。

叶尔羌局除了铸造新钱,还必须完成回收准噶尔统治时期铸造的旧普尔任务,从而在南疆确立新的货币制度。乾隆二十五年(公元1760年)至乾隆二十七年(公元1762年)完成回收旧普尔钱币第一阶段工作。沿袭准噶尔国时的传统(准噶尔策零初立时,即以一枚新钱换回两枚策妄阿喇布坦时的旧钱)。这期间叶尔羌局共铸新钱103000余腾格,其中63000腾格,以1:2的比率,换回了大约126000腾格的旧普尔。在南疆地区清政府开始逐步稳定巩固主权。当回收旧普尔进行了一年多后，开始第二阶段回收钱币工作，于乾隆二十七年（公元1762年）二月，"上论军机大臣曰：换易普尔，不过使回人通用新钱……以两普尔易以新钱，行之已二三年（实际为一年半）谅所收普尔亦足供鼓铸，若仍照前例，恐有妨回人生计。若加恩以一普尔换一新钱，则回人无所亏损而旧普尔亦必尽收"。自此以后，即以1∶1的比率回收旧普尔，至乾隆三十三年（1768年）结束，回收、改铸旧普尔的任务完成。

此后，叶尔羌局即声息全无，一直到八十余年后的咸丰时期，正值太平天国革命，清政府为挽救危局，掀起铸大钱的浪潮。叶尔羌局重新铸造，咸丰四年（公元1854年）开铸当百、当五十、当十三种大钱，咸丰九年（公元1859年）停铸当百、当五十大钱，只铸当十钱。同治期间铸造叶尔羌最后一种钱币同治通宝。直到同治三年（公元1864年），叶尔羌铸造局关闭，再未恢复（图4-12、图4-13）。

图4-12 乾隆通宝（叶尔奇木局）正面与背面

图4-13 咸丰通宝（叶尔羌局）正面与背面

三、双峰并峙

叶尔羌最大的缺陷是不产铜,这一先天性的弱点大大限制了它作用的发挥,在新疆第一个铸钱局"叶尔羌局"铸行了一年后,铜的来源出现了重大的问题,铸钱无法继续进行下去。清政府积极准备在东四城的产铜地设局,而当时阿克苏地区蕴含了丰富的铜资源。同时阿克苏经济、交通条件较好,它不仅是东四城中心,而且是全疆最大的产铜区,它本身以及所辖的库车、拜城、沙雅等地,都有丰富的铜矿,新疆图志载:"其起于拜城库车之间,产铜之山十数……却尔噶山者,上下铜厂发源处也为,其质柔粹,为全疆铜矿之冠"①。"矿脉自北而南,延长百数十里,铜色苍翠,柔润如脂,为全疆铜矿之冠"这为阿克苏局的建立提供了优良的物质条件。

乾隆二十五年(公元1760年)参赞大臣舒赫德奏称:"阿克苏等城产红铜。现据该伯克等恳请设炉铸钱,流通行使,并乞照叶尔羌之例,范为阿克苏字样。"乾隆帝批准后,阿克苏铸钱局于乾隆二十六年(公元1761年),即迟于叶尔羌局一年,正式成立。由于东四城没有铸币历史,故阿克苏局初建时工人仍来自内地。乾隆二十五年(公元1760你)十月,陕甘宁总督杨应琚"饬行西安藩司挑选匠役,置办器具","刻速起程"。陕西布政使根据上年派往叶尔羌铸匠的前例,"派工匠王绍等八名,具系熟谙鼓铸之人",由西安理事同知苏龄阿率领前往阿克苏(后又加派"王士后等四,共匠役十二名")。这十二名工匠成为阿克苏局开铸技术骨干。

阿克苏铸钱局规模颇大,有炉6座,设管理钱局把总2员,钱局兵丁60人,同时另建温巴什铜厂(温巴什在阿克苏城东),设管理铜场游击1员,把总1员,经制外委2员,兵丁278人。铜场采铜,钱局铸钱,分工明确。阿克苏局铸币每年可得原铜21000斤左右,铸造红钱2700余串。其钱币原料来自"各城回民收缴纳额铜""本城伯克缴纳贡铜",以及温

---

① 王树枏.新疆图志[M].台北:文海出版社,1965.

巴什铜场所采的铜"官采铜斤",每年从温巴什铜场采铜16000斤左右。阿克苏局所铸红钱,每枚重二钱,正面为汉文"乾隆通宝",背面为阿克苏地名,满文在左,察合台文在右,铜质十分纯净,其风格与叶尔羌局铸造的乾隆通宝(厚版)相同。主要供阿克苏、乌什、库车、喀喇沙尔(焉耆)及赛里木、拜城等南疆东部城市使用并与叶尔羌局红钱在西四城(喀什噶尔、英吉沙尔、叶尔羌、和阗)使用,形成了"双峰并峙",使得红钱的流通更加普及。

阿克苏铸造局其实也不是一直开铸,乾隆三十一年(公元1766年),阿克苏局移至乌什铸币(即乌什局)。到嘉庆四年(公元1799年),又从乌什局移回阿克苏。光绪四年(公元1878年)九月,被迫停闭了14年之久的阿克苏局正式恢复,铸红钱。此时共有炉8座,铸匠20名,伕役69名,泥木铁匠12名,共101名。所铸为红钱一文小平红钱(即"当五"钱),每枚重一钱二分五厘,每红钱500文可兑银一两。从光绪四年至十三年(公元1878—1887年),阿克苏局"得净铜325465斤,成钱10057232文(按1串1000文,即10057串232文)"。光绪十四年(公元1888年),"使用拜城铜矿31500斤,成钱3528000文(即3258串)。"光绪十五年(公元1889年),"采拜城铜42980斤。成钱4813669文(即4813串669文)"。光绪十六年(公元1890年),布政使饶应祺决定增加铸数,"每月作为一卯,每年拟铸十卯,每卯铸钱九百串文,以十卯计之,每年铸钱九千串文",比过去增加了一倍。

光绪十八年(公元1892年),发现铸币使用大量的煤炭,而阿克苏木炭比库车昂贵,且设炉多年,砍烧殆尽,因此阿克苏局停炉,移到库车鼓铸,停铸的原因是巡抚陶模以鼓铸红钱,炭为大宗,而"库车树木修养多年",故决定将阿克苏局移至库车鼓铸。于是,阿克苏局的历史宣告结束。但阿克苏铸造局成为新疆时间最长的铸币局,先后开铸达一百一十五年之久。前期,一度成为南疆唯一的铸币基地,所铸的大量红钱,可供整个南疆地区使用。光绪四年,左宗棠收复新疆后,它又是最早恢复的铸局之一。对恢复新疆的经济起了积极作用(图4-14)。

图4-14 乾隆通宝（阿克苏局代喀什噶尔局铸造）正面与背面

众多的"乾隆通宝"。从唐代开始，中原开始实行以年号进行铸币，但到了嘉庆四年户部给阿克苏局发来"乾隆通宝"和"嘉庆通宝"的祖钱各一枚，并规定："自嘉庆五年为始，每年铸"乾隆通宝"二成，"嘉庆通宝"八成，分运南路各城"。为什么嘉庆年间新疆红钱还一直铸造"乾隆通宝"？这还得从乾隆三十九年（公元1774年）说起。乾隆帝为纪念自己统一新疆的功绩，曾下令："乾隆通宝"应"永远恪遵，不必改毁另铸"。乾隆的原意是让新疆红钱永远铭文为"乾隆通宝"，不随新皇帝的继位而改变。因此，嘉庆帝初立之时，由于乾隆仍然在世，故无改变铭文的举动，所以钱币面文为"乾隆通宝"。直到嘉庆四年（公元1799年），乾隆皇帝逝世，因此才有这个规定，这样不仅体现了自己至高无上的地位，又兼顾了先皇遗制。故从嘉庆帝以后，历代皇帝都铸造一定比例的"乾隆通宝"和本朝通宝，如光绪九年（1883年），阿克苏道署专办规定"其鼓铸钱文以四成铸"乾隆通宝"，六成铸"光绪通宝"，背面加"当十"二字。清代新疆铸造"乾隆通宝"从而成为定例，为新疆红钱中版式最复杂的一种。

四、坎坷的铸局

新疆铸钱局总不是一帆风顺，随着铜矿的来源和时局的变化，在成立、停铸、开铸、恢复中不断变化，成为新疆铸造局的特点。

五、乌什铸钱局

乾隆三十年（公元1765年）乌什发生了起义，清政府随即镇压。乾隆帝唯恐时局不稳，将参赞大臣从喀什噶尔迁至乌什，并谕令"当以乌什为汇总之地"，开始实行屯田。为了适应乌什成为南疆政治军事重心的需要，阿克苏钱局也于次年（公元1766年）移至乌什，由此设立乌什铸钱局。从乾隆三十一年（公元1766年）至嘉庆四年（公元1799年）的33年中，乌什局成为东四城唯一的铸币所在地。所铸钱文，供整个南疆流通使用。期间乾隆三十四年（公元1769年）叶尔羌局将3000斤铜（西四城所缴）拨解给乌什局，由乌什局代铸后"解送叶尔羌局备用"。乾隆三十六年（公元1771年），由于铸钱的原料受到限制，南疆人口不断增加，民间需要钱币量增大，以及政府、军队开支繁多，形成了"钱少不能流通"的状况。于是钱币由原来一枚重二钱减为一枚重一钱五分。表面上相当程度缓和"钱少不能流通的"矛盾。但乾隆四十六年（公元1781年），由于积存的红钱太多，曾经停铸2700串，节省原铜20000余斤，社会上的红钱不断贬值。乾隆二十五年（公元1760年）初铸二钱重的红钱时，红钱与银两的比重"定以百普尔（红钱）为一腾格，直（值）银一两"。乾隆五十二年（公元1787年）时，喀喇沙尔（焉耆）和喀什噶尔七城兵丁的盐菜银。"每银一两，折给普尔钱（红钱）160文"；到了嘉庆年间，竟需要220文才能折银一两。从而造成物价的上涨，对劳动人民的生活产生了不利的影响。

第一次减重后的三年，乾隆三十九年（公元1774年），铜矿紧缺，又将每枚（文）红钱的重量由一钱五分减至一钱二分。这时的红钱的重量只有初铸时的60%（一钱为十分）。故乌什局铸币的厚薄轻重差异悬殊。早期的厚版钱有的重达7克以上，后期轻者只有3.2克，两枚顶不上一枚重。对老百姓而言也是劳民伤财，得不偿失。同时铸钱的铜料要从阿克苏购买，所需的沙土罐也要从阿克苏运送。终于到了嘉庆四年（公元1799年）三月初六日，铸钱局无法再负担如此高额的成本，参赞大臣觉罗长龄奏请将乌什局仍移回阿克苏。奏文为："奏为请移设钱局以免扰累仰祈圣鉴事。窃查南路钱局旧设于阿克苏，自乾隆三十一年参赞大臣移驻乌什，亦将钱局移于乌什安设。是不惟钱局所用铜斤系在阿克苏购买，即逐日所需之沙土罐泥亦系在阿克苏刨挖往来运送，徒事迂回，台站几无暇日。且局内所需之各行匠役均系阿克苏回民，每年按春秋两季派赴乌什工作，又局内各炉所需之烧柴木炭亦系由库车、库尔勒、布吉尔、沙雅尔、赛里木、拜城等六城回民内轮年派赴乌什常川砍柴烧炭，以供鼓铸。奴才等推原旧制，缘乌什均系三十二、三十三年等陆续移驻，穷苦回民无力当差应役，不能不派悉心酌议，应请将钱局仍移回阿克苏，不惟铜斤、铁器、沙土、罐泥不致劳台站，即各行匠向亦均得于本城供应，其砍柴烧炭等事尤应于就近筹办，均不得远派各城，如此一转移，台站回民胥无滋扰，愈得沾被圣恩于无既矣。"乌什局被迫关停，再次移回阿克苏。从此乌什局不再复铸钱币了。但依然出现了"宣统通宝"钱币背有满、察合台文有"乌什"字样的流通性红钱，这还要从库车铸钱局来说起（图4-15、图4-16）。

图4-15　乾隆通宝（乌什局）正面与背面

图4-16　乾隆通宝（乌什局　减重钱）正面与背面

六、库车铸钱局

库车在阿克苏东北边,是南疆东四城中的重要城市,古代为龟兹国所在地。库车附近产铜,开始时库车的铜矿都运到阿克苏铸钱局使用。但不知道什么时候、什么原因库车开始设立铸钱局,史料完全没有记载。钱币学者彭信威先生认为:"道光六年(公元1826年),张格尔攻陷回疆的喀什噶尔、英吉沙尔、叶尔羌、和田四城,清军云集阿克苏,对军饷需要大增,钱价昂贵,当局乃添炉赶铸,大概库车局就是在这时设立的。"张䌹伯先生认为是在咸丰三年(公元1853年)铸大钱时成立的。但最早库车局出现在咸丰六年(公元1856年),正是铸大钱的狂潮中。铸造"当百"大钱有四成,重为六钱五分;"当五十"铸造有二成,重为四钱二分;"当十"也是二成,重有一钱五分;"当五"(即小平钱)也是二成,重一钱二分。第二年(公元1857年),由于"当百""当五十"大钱流通非常困难,库车铸造局停铸,开始加铸"当十""当五"红钱,各为五成。同治初年(公元1862年),库车局依然铸造了"当五""当十"钱。同治四年(公元1865年),库车农民起义,库车局被迫停铸。

光绪初年时,左宗棠刚刚收复南疆,就开始着手红钱的鼓铸,随即令驻兵库车的张曜按照他亲自颁发的"乾隆式钱之一钱二分重者"作为铸币样式。派处理库车善后事宜的龙魁、潘时策于光绪四年(公元1878年)三月,恢复库车局鼓铸。钱币正面依然为"乾隆通宝"四字,背面为满、汉文铸地名,"均以半边月圈为记",重一钱三分。光绪十八年(公元1892年)八月,阿克苏铸钱局也移至库车局,并调集阿克苏局工匠52名,同时在本地雇工72名。库车局一举成为南疆最大的铸钱局。每日铸红钱一百一十挂(每挂红钱为五百文,重(湘平)四斤三两五钱)。光绪二十四年(公元1898年)时,改订新的铸币章程,红钱每挂为四百文,每挂重三斤四两(合每文红钱为4.25克)。光绪二十五年(公元1899年),每枚红钱改铸为一钱二分。光绪二十九年(公元1903年),开炉六座,每天铸红钱137挂(每挂红钱四百文,重三斤,每文3.75克),直到宣统元年库车局才最终停铸,没再恢复。

其实,新疆建省时,南疆各地红钱短缺,库车和阿克苏都有铜矿,铸钱局的规模比较大,开始承担其他铸造局代造红钱的任务。有库车局代迪化宝新局铸造、代喀什噶尔局、乌什局铸造,还有阿克苏局代喀什噶尔局铸钱。这种委托代铸红钱,不仅标注铸造局的名称,同时还标注发行局的名称,一般在背面用满文或满维文标注铸造局名,用汉文穿上为发行局名,穿下"十"为官铸好钱的例行标志。因此就出现了乌什局的"宣统通宝"钱币(图4-17、图4-18)。

图4-17　道光通宝(库车局代迪化局铸　宝新)正面与背面

图4-18　光绪通宝(库车局代喀什噶尔局造)正面与背面

七、喀什噶尔铸钱局

喀什噶尔局同库车局一样,在史料中没有确切记载成立于何时。前期喀什地区钱币一般是由叶尔羌局、乌什局或阿克苏局供应。但喀什作为新疆南部重镇,喀什道署所在地,在咸丰五年(公元1855年)正月,正值铸造大钱时开铸当百、当五十、当十大钱。当百者重有六钱五分,当五十者重为四钱二分,当十者重一钱五分,钱币的标准与库车局一样。咸丰九年(公元1859年)时随着大钱的停铸,该局也停办,在同治年间一直由阿克苏铸钱局供应钱币。

天圆地方 —— 一本书读懂西域钱币文化

光绪十三年(公元1887年),喀什地区严禁伪造天罡(银币),造成红钱奇缺。喀什道袁尧龄决定重新开炉鼓钱,由董丙焜负责试办矿务。由于铜矿不够,熔铸废炮五个,有两千斤,直接铸造红钱二百二十千文,每文重有一钱三分。光绪十五年(公元1889年)喀什收集所属地区的铜矿,每年铸二千二百九十余串,(一串为一千文,用铜为八斤二两),四百文合银一两。喀什作为西四城商品经济中心,货币交易量非常大,但铜矿原料紧缺。铸钱数完全不能满足流通的需求,因此也出现阿克苏局与库车局代铸的"乾隆通宝""光绪通宝"等钱币(图4-19)。

图4-19 光绪通宝(喀什噶尔局)正面与背面

八、伊犁宝伊局

乾隆四十年(公元1775年)十一月初三日,伊犁将军伊勒图向皇帝启奏"鼓铸制钱"云:"臣伊勒图谨奏……饬委理事同知丰新监督铸务,建盖(宝伊)局房。随据择得惠远城西门内街南空隙处,即调选派入局兵丁遣犯采取材料,建盖局房……二十一间……当即饬……仿照部颁制钱,择于十月初八日开炉试铸。据呈造出钱文轮廓完好,颜色稍红……已得制钱六十余千……臣谨将现在铸出行使制钱二十文,另匣随折恭呈御览"。这份奏折,让我们了解宝伊局开铸情况,也解决了长期以来"宝伊局"何时正式建局的讨论。"乾隆四十年(公元1775年)十月初八日",宝伊局正式成立。

宝伊局铸造"乾隆通宝"小平钱。正面为汉文,背面用满文表明铸造局,穿左"宝"字。穿右为"伊"字。钱币重一钱二分(合4.5克),完全和内地各铸造局的制钱一致,当年铸造九百二十七串。

第四章 红制并行 元角开端

　　铜矿是维系铸钱局最为重要的条件,宝伊局考虑到了这个原因,边铸钱边积极在本地附近寻找铜矿。乾隆四十一年(公元1776年)终于在伊犁哈尔海图发现矿源(这是北疆地区的首次发现)。伊犁将军伊勒图派人开采,每年获铜二三千斤。自此从乾隆四十四年(公元1779年)起,每年铸币从九百二十七串增至一千一百余串,增加一百七十三余串(173000文)。乾隆五十六年(公元1791年),又在附近发现新矿,每年开采量达七千余斤,整整比原来增加了二至三倍。伊犁将军保宁奏准"余岁铸额外加铸六百串"。自乾隆五十七年(公元1792年)年起,每年铸币量增加到一千七百二十二串。随着铜矿原料的保证,铸币量一直保持到"历嘉道以至咸同"。

　　宝伊局是最早在咸丰年间铸造大钱的铸造局。咸丰三年(公元1853年)十一月初六日,宝伊局将所铸造的制钱全数按户部规定的分量改铸当十的大钱,每枚重四钱四分,从此开创了大钱的先河。并按八十枚当成银一两为官兵军饷发放(当时八百文为银一两)。咸丰四年(公元1854年)又加铸当五十(每枚重八钱)、当百(每枚重一两四钱)大钱,咸丰五年(公元1855年)四月,宝伊局决定收回当百、当五十两种大钱改铸,只留当十大钱和制钱(一文小平钱)流通。

　　同治五年(公元1866年),宝伊局由于伊犁苏丹起事而被迫停铸。光绪初年时,左宗棠收复新疆,沙俄交还伊犁,宝伊局本想与其他钱局一样恢复鼓铸。却因钱币"质量问题"再未恢复。原来的"宝伊钱"含铜量较高,含铜量高达70%,含铅为30%,因此被沙俄大量搜刮回国改铸本国的钱币或是用于其他器皿。新任伊犁将军色楞额、伊犁知府潘效苏等考虑到如此的情况,害怕再铸钱币依旧流失到外国,造成本地钱币紧缺。故决定不再铸造"宝伊钱"。于是通过从甘肃等地运来黄铜掺和泥沙按照制钱的形式铸造,宝伊局从此再未恢复(图4-20)。

图4-20 乾隆通宝(宝伊局)正面与背面

九、迪化宝迪(宝新)局

铜矿对于钱币的铸造起到决定性的作用,咸丰四年(公元1854年),在迪化(乌鲁木齐)南山发现铜铅矿,当局立即募捐资金筹组建立宝迪局。当时,正值铸大钱浪潮掀起,宝迪局边组建边铸大钱。咸丰五年(公元1855年),铸当八及当十两种大钱,当地以钱八百文为银一两,钱八文为银一分,因此出现当八大钱。咸丰七年(公元1857年),停铸当八大钱,加铸当十钱,钱币字体遒劲,工艺精美。咸丰十一年(公元1861年)三月,宝迪局停铸大钱(图4-21)。

图4-21 光绪通宝(宝新局)正面与背面

十、终于统一了

新疆终于在光绪十年(公元1884年)建省了,和全国一样为郡县制管理,迪化成为新疆省会。社会、经济都做了很多变革,货币制度自然也不能落后,原来的"红钱""制钱"的双轨制必须要与全国一样实行统一的制钱。但新疆太缺少铜料了,而且铸钱成本也过高,只能采用最实用的办法来解决!新疆巡抚刘锦堂上书建议先用红钱统一新疆的货币制度,等到将来经济转好,再改为制钱。光绪十二年(公元1886年)七月将原宝迪局改为宝新局,重新开炉铸红钱。钱币的背面改铸为"宝新"两字,开始时设炉2座,第二年添炉1座。铜矿来源不仅在当地南山开采,同时还从库车运来。光绪十六年(公元1890年)铸炉达到5座,每天可铸红钱一百挂,每挂五百文(四百文合银一两),铜重四斤一两。随后布政使饶应祺铸红钱八卯,每卯铸红钱一千六百五十串(每串一千文),八卯达到一万三千二百串,每文重一钱三分,终于新疆钱币暂时统一了。

十一、最多与最少

清代新疆铸钱局先后成立7个,在全国应该是最多的。但反观其铸币量却非常少。从嘉庆五年(公元1800年)户部规定各省每年铸币额表中,可以看出新疆一个铸钱局——宝伊局的铸钱数仅占全国的0.0547%(表4-1)。可见宝伊局铸造的数量,还不及内地其他铸局的一个零头。红钱情况也是如此,如嘉道时期,南疆阿克苏局每年仅铸钱二千七百串左右,所占比例也不过全国年铸额的0.1%而已,建省后,红钱铸量虽有较大的提高,但在全国所占比例也很小。为什么铸币量这么少,却设立如此多的铸币局?首先也是最重要的原因是新疆人口相对稀少,据统计,新疆人口总数乾隆三十一年(公元1766年)为32.2万,嘉庆二十五年(公元1820年)为50万,光绪十七年(公元1891年)为206.99万。全国人口,在同期约为1.4亿、4亿、4.5亿,因此新疆只占同期全国总人口的0.22%、0.12%、0.46%,因此,其钱币需要量自然大大少于内地其他省份。同时商品经济的发展程度上,新疆与内地各省差距较大,因此需要的铸币量也相对较少。但新疆的国土面积却是全国国土面积最大的行省,占中国国土面积的六分之一,地广人稀,钱币运费成本比较大。因此,当局都会在铜矿源地附近设立铸钱局,既降低钱币的铸造成本,也满足人民的日常需求。这也为我们呈现出清代新疆钱币纷繁复杂、质朴粗犷、刚劲有力的特色(图4-22)。

表4-1　嘉庆五年(1800年)户部规定各省造币额[①]

省别	铸造额(串)	比例(%)
北京	899856	43.848
直隶	60666	2.956
江苏	111804	5.448
浙江	129600	6.315
江西	41928	2.043
贵州	94860	4.622
湖南	47880	2.333
伊犁	1112	0.0547
湖北	84000	4.093
陕西	130564	6.362
四川	194127	9.459
广西	24000	1.169
云南	179784	8.76
山西	17472	0.851
广东	34560	1.684

图4-22　嘉庆通宝(宝伊局)正面与背面

十二、清代新疆铜币铸行

清代新疆商品经济的发展对铜币铸行起到了促进作用，从18世纪后期至19世纪初期，南北疆的商业出现了繁荣景象，南疆阿克苏地区，内地商民，外番贸易，鳞集星萃，街市纷纭，每逢八栅会期，摩肩接踵，物货充盈。叶尔羌地区中国商贾、山、陕、江、浙之人，不辞险远，货贩其地……

[①]蒋其祥. 西域古钱币研究[M]. 乌鲁木齐:新疆大学出版社,2006.

八栅街长十里。每当会期，货如云屯，人如蜂聚。北疆的乌鲁木齐，字号店铺，鳞次栉比，街道交错，人民辐辏，繁华富庶，甲于关外。新疆清代前期商品经济的发展，虽然主要是建立在农业经济发展的基础之上，但如果没有适合新疆特点的铜钱制度与之相适应，使"货能畅其流"，那是不能想象的。

新疆正式建省之后，取消了各省人民前来开发边疆的人为壁垒，"关内汉回携眷来新就食，承垦、佣工、经商者，络绎不绝"。巡抚刘锦棠又"首治邮驿亭障以通商道"，于是，"废著鬻财之客联袂接轸，四方之物，并之而会"。河北、山东、湖南、河南、四川、陕西、甘肃等地的商人纷至沓来，形成了各大商帮和津帮"八大家"。他们把大量的"关内绸缎、茶纸、磁漆、竹木之器"运入新疆，与边疆各族人民进行贸易，使新疆的商贸出现了空前繁荣的景象，生产的恢复，经济的发展，必然对货币的需求量呈现不断增长的趋势。

为了适应这种情况，左宗棠、刘锦棠与建省后的历任巡抚都十分重视钱币的铸造，增加铸币数量。据不完全统计，自光绪四年（公元1878年）至宣统元年（公元1909年），新疆各钱局共铸红钱约55万余串。以红钱与制钱1∶5的比例计算，可值制钱275万串，这个数字，以当时新疆的人口（200万左右）来说，是不算少的，因此，新疆建省红钱的铸行，基本上适应了经济发展的要求。

第三节 以一当十——大钱开道

"道光通宝八年十"铜币开创了清代的大额钱币的先河。它圆形方孔，直径为2.7厘米，重5克左右，要比一般的铜币稍大一点且重些。它只用简单的数字"十"来表示可以当制钱的数量。此枚铜币可以当10枚制钱使用，或是2枚红钱（1枚红钱兑换5枚制钱，也叫"折二"红钱）使用。正面为"道光通宝"，背面穿上为"八年"（即道光八年铸造），穿下为

"十",或是"五",穿左用满文,穿右用察合台文标注阿克苏。

大钱并不是像现在是为了使用便利而产生,它的出现是为了应付钱荒的局面。道光年间,朝廷为平定张格尔的叛乱先后三次调集大军进驻阿克苏地区,当时所携带的军饷多为白银,使用大钱很少,造成了阿克苏南疆市面上银贱钱贵。从最初的1两白银可以兑换红钱250~260文,到最后只能兑换80~100文,严重影响了市面交易。为了解决钱币紧张的局面,在不加大铜量,又不减重的情况下,铸行大面值的钱币就成了最适合的办法。道光八年(公元1828年),钦差大臣那彦成奏道:"现查阿克苏铜场开挖年久,铜斤未能丰旺,与其多方采办,苦累兵回,徒滋糜费,不若将现铸钱文,作为当五、当十两样,分别行使,可期泉布充盈。应请将钱局额铜,试铸十分之三当十钱,先为行用,如果能平减市价,流通无弊,随时酌量,再为加增,改铸当五、当十钱各十分之五,永远通行"。朝廷批准后,阿克苏局试铸"当五""当十"两种红钱。到咸丰年间时,大钱铸造开始流行。咸丰三年(公元1853年)阿克苏局"八成铸当十,二成铸当五十钱"。第二年则"六成铸当十钱""二成铸当五十钱""二成铸当百钱"。咸丰九年(公元1859年)决定将当百、当五十大钱改铸当十钱。到同治年间,阿克苏只铸当五、当十两种面值的红钱。

知识拓展:大钱

为当二以上的钱币的统称,有当五、当十,当百、当千等。历代均以一文的小平钱为钱币的基本单位,大钱是一种具有价值符号的性质钱币。它是一种商品经济发展的产物,为了进一步适应钱币流通的需要,有史记载,春秋时期已出现大钱了。

随后库车局和喀什噶尔局也应运而生。库车局铸造"当百"大钱为四成,当"五十"为二成,"当十"为二成,"当五"为二成。喀什噶尔局不甘落后,也铸造当百、当五十、当十。大钱的浪潮开始波及北疆,宝伊局甚至铸造当千、当百等制钱。咸丰四年时(公元1854年),为了补充制钱的不足,新成立的"宝迪局"也铸造当八、当十、当八十等不同种的大钱。因此新疆的7个铸钱局中有6个都赶铸大钱。初期铸造大钱的效果还不错,每年为朝廷节省白银3300两。但是什么事情总有个度,政府滥发大钱,折当过多,与当时新疆经济的发展完全不相符,结果失信于百姓,受到抵制,开始停铸。但"道光通宝八年十"却首创"当十"大钱,其影响之深远,已超出了新疆范围,在全国流行开来(图4-23、图4-24)。

图4-23 道光通宝八年十(阿克苏局)背面

图4-24 道光通宝八年五(阿克苏局)正面与背面

在大家铸造大钱之时,新疆"库车局"打破以"宝"为钱文的惯例,开创铸造纪年(用干支顺序代表年代)钱的先例,改变了自唐以来制钱一般采用年号(皇帝纪年的名号)钱,创造中国钱制之新。光绪三十三年(公元1907年)和三十四年(公元1908年)铸造"光绪丁未""光绪戊申"钱币。清末时为什么在新疆铸造此种钱币?这可能与当时新疆布政使王树枬主持新疆财政工作仿照国外银币的格式,铸造带有纪年的银币分不开。虽然还不确知真实原因,但人民的创造思维却不容忽视(图4-25、图4-26、图4-27、图4-28、图4-29)。

◆ 天圆地方 —— 一本书读懂西域钱币文化

图4-25 光绪戊申(宝库局代迪化 宝新)正面与背面

图4-26 光绪丁未(宝新局)正面与背面

图4-27 咸丰重宝当五十(叶尔羌局)正面与背面

图4-28 咸丰元宝当百(阿克苏局)正面与背面

图4-29 咸丰元宝当千正面与背面

第四节 别了,孔方兄

"天圆地方"一直是中国传统的铸币思想,但是现在在中国使用的硬币里却没有外圆内方的踪迹。究其原因,那可要从新疆红钱中唯一的机制币"光绪通宝"开始说起。

清末,各省纷纷引入西方的机械技术,开始压制钱币。地处西北边陲的新疆也没有停歇脚步,开始购置设备,在迪化水磨沟建立银圆局。并在近代颇具钱币思想的王树枏主持下,于光绪三十四年(公元1908年)开始尝试用机器铸"光绪通宝"钱币,该局放弃了传统手工翻砂浇铸工艺,钱币变得更为精致、规整。这种钱币用"新"字来表示仅限于新疆地区发行和流通,"十"字是代表新疆官铸好钱的例行标志,并借用京师工部的宝源局名号。可以想见该局铸造此钱准备十分充足,但谁都没想到,刚试铸一批后,即停铸。因为成本过高,方孔的铸造程序过于复杂,只能改铸。于是新式圆形无孔的"铜元"出现了,"宣统元宝当红钱十文"一经铸造发行,以大小一致,字迹规矩,简单直接表明换算的标准为优点,受到了社会的喜欢,在社会上开始流通。自此,传统手工的浇铸红钱技术在150多年后逐渐被近代机铸的铜元所代替,而方孔钱也渐渐地离开了我们的视野。新疆钱币开始缓慢地、艰难地向近现代方向迈进,直到现在,采用了铝镁合金、钢锌合金、钢芯镀镍等材质的硬币成了人们日常的辅助钱币，之后，纸币站上了钱币的历史舞台(图4-30、图4-31)。

图4-30 光绪通宝(机制币)正面与背面

图4-31 宣统元宝正面与背面

第五节 不可或缺的扶助——饷银

历代中央政府都很非常重视对新疆的扶持与开发，在新疆建省前后，左宗棠就曾数次奏请清政府，"新疆岁饷三百数十万两，各省关不得滞欠"。李寰在《新疆研究》写道："新疆财政在清代全赖于外省协饷的维持"。每年内地各省都筹拨实饷，用以解决新疆的驻军防务和各项财政支出的需要，这些款项统称为"协饷"。又因为协饷都以白银支付，因此又被称为"饷银"。饷银成为新疆主要财政补助的款项。

但是饷银钱币并不由各省铸造，而是由内地各省将白银解交给陕西藩库（省库），再转运到甘肃藩库。从兰州统一运往新疆，在运来之前，先将白银分类包裹装入木箱（又称为"银鞘"），然后加封、盖印，用马车押送，历经两个月，十分艰难，到新疆后，再开箱进行验收，交由新疆藩库使用。在光绪三十三年（公元1907年）六月，新疆布政使王树枏在迪化水磨沟银圆局（机器局）开始铸造银币，铸有饷银五钱、四钱、二钱、一钱。其中以五钱铸造最多，流通最广，版式也最为庞杂，常见为正面"饷银五钱"对读，外围绕有察合台文，背面为龙纹，或绕以线圈。宣统二年（公元1910年），新疆巡抚袁大化，在上海购买新式铸币机器，在迪化加铸"饷银一两"。但由于机器的压力不足，因此铸造的花纹较浅。由于新疆边防的军队较多，军饷是财政开支的主要项目，这些机铸银圆主要用来发饷，兼顾市面流通。"饷银"是一种真正的机铸银币，它工艺精细，分量也很标准，因此"饷银"的概念便从款项的名称转变成钱币的名称，不论是"饷银"还是"饷银银币"，都说明新疆的经济离不开全国的支援。有时也会把左宗棠在新疆铸造的银圆称为饷银。但实际上，左宗棠并未在新疆铸造过饷银。

后来喀什仿造迪化银圆局铸造饷银，但它属土法机具打压而成，工艺上比迪化铸造的逊色很多。喀什饷银只有五钱一种面额，正面为"饷银五钱"对读，中间有梅花、圆点或五角星，背面为"喀什"，中间为龙纹，外绕有线圈，下面自右向左译为"喀什使用五钱"。辛亥革命后，杨增新于民国元年（公元1912年）铸造"中华民国元年饷银一两"，币面中书"饷银一两"对读，"中华民国元年"旋读。币背面五色旗交叉，上下有"壬子"两字，因此也称为"壬子饷银（一两）"。此银币正背面均无维吾尔文，在新疆流通的银币当中，是唯一未铸维吾尔文的银币，同时还使用了阴阳历，但是由于机器压力的不足，字图均不太清楚。

19世纪末到20世纪初，帝俄对新疆的经济侵略日益加深，清光绪末年，各省对新疆的协饷经常不能按时运解到位，致使新疆地方政府无法按时支付各地驻军军饷,帝俄趁机抬高金币、卢布的价格,高价居奇,扰乱市场,制造混乱,光绪三十三年(公元1907年)王树枬请准采购沙金铸造金币,其用意是补助协饷不足,满足金融市场之需求,消除帝俄高价居奇的影响。金币铸造地点还在迪化城郊水磨沟机器局,委派巡检蔡世长等四人督匠铸造。金币定名为"饷金",面值分一钱、二钱两种,其一钱抵纯银三两,二钱抵纯银六两。发行以后,多被商人兑去储存,不易在市场上出现,仅铸造四个月就停止,共铸金五千零一两。金币正面为汉字铭文,背面中间为蟠龙图案,四周为察合台文。金币铸工精细,字迹清晰。

在金币停铸后不久,王树枬为整顿新疆币制,又于光绪三十四年(公元1908年)开始发行纸币,此票面额红钱四百文,合银一两(图4-32、图4-33、图4-34)。

图4-32　饷银一两正面与背面

图4-33　饷银五钱正面与背面

图4-34 饷银二钱正面与背面

第六节 片纸片两 角分融入

一、流行趋势

对于体现主权的钱币来说,纸张和印刷术的发明更是开创性的壮举。纸币以轻便,成本低廉而一跃成为世界主导的钱币。从北宋的"交子"到现在的人民币,人们一直在探索完善纸币制度。虽然新疆纸币一路走来不是很顺利,但依然无法改变它成为流通领域里的当家钱币。

二、自我完善

"钱荒"一直是困扰新疆经济发展的一个瓶颈,虽然政府想了许多的办法,但种种原因,还没有彻底解决钱币的短缺。当局只能另辟蹊径,创办官钱局,发行纸币,这样做不仅成本低廉,而且还不必开采铜矿。于是光绪十四年(公元1888年)喀什官钱局首次用进口的洋纸(俄国普通道林纸)印发"兑换红钱四百文"的纸币,用于抵银一两,成为新疆纸币的开端。但事物总是不断完善发展的,官钱局初期发行的纸币由于印刷简陋,工艺粗糙,极易被伪造,使钱局蒙受亏损,再加上流通范围很窄,以及官钱局本身管理不善,于是朝廷对全省官钱局进行重新整顿改组,由具有改革思想的新疆布政使王树枏承担此项大任。光绪三十四年(公元1908年)在迪化设立的新疆官钱总局发行最早的省府"新疆纸币"。因纸币四周边框印有双龙戏珠的图示,故民间称为"老龙票"

（图4-35、图4-36）。特委托上海用重磅道林纸彩色印制。纸币为长26厘米，宽13厘米，呈竖式，大小相当于四张五元人民币拼在一起。印刷图案精美，颜色为红、黄、绿三色套印，很是鲜亮。钞票正中竖写"凭票发足红钱四百文"，右为编号，左为发行日期，其上横排"新疆官钱总局"，下方框底为深绿色海浪。钞票背面文为"甘肃、新疆等处地方巡抚部院，甘肃、新疆承宣布政使司布政使王（注：'王'即王树枏）为晓谕事：照得省城官钱总局现用此票，准在本省完纳粮税等项及缴一切公款。如不肖官长有籍端勒索不收情事，准其来辕禀控，定从严办，合行晓谕。为此，示仰通省文武员弁、商民人等一体遵照，切切此谕。光绪三十三年月日示。"老龙票明确了钞票的性质、作用、使用范围以及它的法定地位，并晓谕社会全体官商吏民等必须履行的责任和义务，在发行初期，人们还对它的价值、作用和法定地位缺乏认识或疑虑，清楚地在钞票上写明其实是十分必要的。当时总印数为一百万张，通行全省，可以纳税或是缴纳公款，并在各地官钱局随时兑换现钱。因此在老百姓中信用卓著，逐渐取代了以前各地官钱局发行的旧纸币和私商钱票。小型老龙票是新疆的藩司陈际唐在民国元年（公元1912年）为新疆藩库应急在迪化仿印的。小型纸币长20厘米，宽10.5厘米，图案、颜色、纸质及印刷质量均较上海印制的大型老龙票逊色，因此只发行了1年。但纸币的货币单位沿用铜币的两、钱、分的天罡制。

知识拓展：纸币的计数

纸币通常是以金属钱币的代表进入流通，因而也就采用金属钱币的计量单位，宋朝是采用贯、文为单位，一贯为1000文，到了元代全面推行纸币，单位没有改变。而元代以后纸币采用两、锭作为计量单位，一两即钞一贯，一锭为钞50贯，清代后期采用的是"元、角、分"。

图4-35 老龙票(正面)

天圆地方 —— 一本书读懂西域钱币文化

晓谕事照得省城官钱总局现用此
票准在本省完纳粮税等项及缴一
切公款如不肯官长有藉端勒索不
收情事准其来辕禀明定从严办合
行晓谕为此示仰通省文武员弁商
民人等一体遵照切切此谕

光绪三十三年　　月　　日示

图4-36　老龙票（背面）

- 118 -

三、何来的"元""角""分"

新疆各官钱局发行的纸币，一直只能在新疆地区流通。而内地纸币也无法在新疆直接使用，必须兑换成新疆纸币。1938年，在毛泽民担任新疆财政厅代厅长时期，了解到此情况，实行币值的改革。"废两改元"，采用与内地统一的钱币制度"元、角、分"，并发行新的省币——"新疆商业银行纸币"（图4-37、图4-38）。作为官方通货，流通全省，银圆、铜元、红钱均停止使用。将新发行的省币全部收回，实现了新疆货币统一。规定与国家的法定纸币的比值为1∶1，新纸币逐渐成为流通领域的主角。虽然新的纸币仍然没有改变它的使用范围，但还是向国家统一的钱币制度不断地靠拢。

图4-37 新疆商业银行钞票

图4-38 新疆商业银行原址

"新疆商业银行"纸币于1939年开始印刷发行,上面有毛泽民签名。面值有:壹分、叁分、伍分、壹角、贰角、伍角、壹圆、叁圆、伍圆、拾圆共计十种面值,均为横式,正背两面均为同一种颜色。由新疆印刷厂使用从苏联进口的印钞机印制。正面上首印有"新疆商业银行",其下为冠字编码,背面上为横书维文,下面为蒙文,汉译为"新疆商业银行"。正面用汉字、背面用维文即蒙文标示面值,背面右下侧有财政厅代厅长毛泽民的签名。但非常有意思是"毛泽民"这几个字使用反面竖写后移成横位,外形酷似英文签名。尤其是钱币上还印有当时城市建筑,如"壹圆"纸币中间印有毛泽民在新疆主持财政工作时的省财政厅大楼,背面为双马犁地图。建筑显得典雅庄重,当时正厅有一块巨幅横匾。在辛亥革命前是楷书"正大光明"四个字。辛亥革命后,改为孙中山手书"天下为公"。新中国成立后,又改为毛泽东笔体"为人民服务"。而在"拾圆"上印有新光电灯公司厂房,"叁圆"印有迪化电台,"贰角"印有南关外商业街景。给我们留下珍贵的历史印记。1943年发行新疆商业银行"壹佰元",正面为男耕女织图。右侧是农夫们在耕田,左侧为一女子在纺织机前操纵机杼,背面为水上亭榭。画面是用传统的中国画线描技法绘成。左面的织女图可能出自晚清画家,苏州专攻仕女画的代表人物邱寿嵒于光绪十三年(公元1887年)石印出版《新增百美图说》中的《苏蕙图》。新疆纸币在图景设计上用传统绘画形式来表现的为数不多,尤其以汉民族古典文化为表现形式的更不多见,除壹佰元外,还有"伍圆"的农民垦种图、"拾圆"亭台楼阁图、"伍拾圆"插秧捕鱼图。这些图景可以看出汉文化在票面上充分展现。钱币是研究历史文化的重要文物之一,通过对不同时代、不同地区的钱币的研究,可以了解这一地区在一定历史时期内的政治、经济、文化及民俗的状况。

新疆和平解放后,天时、地利、人和,纸币终于迎来了属于自己的春天,在其发展史上揭开了崭新的一页。

新疆钱币的形体虽小,但涉及面却很广,它与古代的政治史、经济史、文化史、货币史、商业史、民族史、农民起义、国家关系、科技技术、青铜冶铸、度量衡制度、工艺美术、文字书法等许多方面都有着千丝万缕的联系,在一枚小小的钱币身上,可以折射出中国传统文化的方方面面,是人们了解历史文化发展变化的一把钥匙。

参考文献

[1](苏)巴托尔德.中亚突厥史十二讲[M].北京:中国社会科学出版社,1984.

[2]侯灿.楼兰古城址调查与试掘简报[J].文物,1988(7):23.

[3]蒋其祥.西域古钱币研究[M].乌鲁木齐:新疆大学出版社,2006.

[4]李遇春.新疆乌恰县发现金条和大批波斯银币[J].考古,1959(9):32-33.

[5]林梅村.从突骑施钱看唐代汉文化的西传[J].文物,1993(5):8.

[6]孟凡人.新疆考古论集[M].兰州:兰州大学出版社,2010.

[7]亓如言,国兆蔚.中国古钱币简谱[M].北京:中国广播电视出版社,1991.

[8]史金波.中国少数民族文字文物综述[J].文物,1991(6):11.

[9]孙斌,新疆《和田简史》编纂委员会编.和田简史[M].郑州:中州古籍出版社,2002.

[10]田卫疆.简明新疆历史[M].乌鲁木齐:新疆人民出版社,2014.

[11]王炳华.西域考古文存[M].兰州:兰州大学出版社,2010.

[12]王素.高昌史稿 交通编[M].北京:文物出版社,2000.

[13]王永生.钱币与西域历史研究[M].北京:中华书局,2011.

[14]王永生.新疆历史货币 东西方货币文化交融的历史考察[M].北

京:中华书局,2007.

[15]夏鼐.中国最近发现的波斯萨珊朝银币[J].考古学报,1957(2):91-107.

[16]谢天宇.中国钱币收藏与鉴赏全书(上下)[M].天津:天津古籍出版社,2006.

[17]张荫才.吐鲁番阿斯塔那左憧憙墓出土的几件唐代文书[J].文物,1973(10):22.